靈魂藍圖占星術

揭開靈魂為你設計的今生今世

靈魂諮詢師
井上小亞子

楓樹林

前言

好久不見！

謝謝你發現了這本書。

我鍥而不捨地生活、書寫、繪圖，汲取一切必要經驗，窮盡一切抵達這裡，就是為了將這本書送至你的手中。啊！你能夠記得我們靈魂的約定，實在是太開心了！

我在八歲那年的一月，受到與你靈魂生前的約定感召，購買了第一本孩童取向的占星書。明明當時的我連加法都一竅不通，卻開始賣力繪製星盤。

我的生長環境也格外特別——靈力強大的祖母總是要求我和看不見的靈體打招呼，無法依靠丈夫（我父親）的母親則常帶著我四處會面占卜師和通靈師，而討厭怪力亂神的父親則強烈否定我對靈性方面的興趣。幸虧如此，我對靈性的興趣逐日濃厚，也同時學會了保持慎重理性的心態，並在過去將近五十年的歲月裡，透過「星座」與「超自然力量」跨越無數天降的苦難。此外，我也在人生這條漫漫長路上遇見了許多人，當我聆聽他們的煩惱時，也看見了「星座」和「超自然力量」如何帶給他們支持與幫助。我從中不斷學習，體認到人的身心及靈魂其實擁有無限的可能性。

在我因旁人請託而開始占星工作之時，某位知名的通靈人（能夠連結比人類還要高維度的存在，並從中接收訊息的人）告訴我：「你在工作時，已經正在通靈。」這句話彷彿醍醐灌頂，讓我開始借助宇宙的能量與力量，協助人們傾聽自身靈魂的聲音。這就是我現在的工作——「靈魂諮詢師」。從事這份工作以來，我不斷感受到人們的靈魂擁有非凡的智慧與慈愛，每天都與個案一同獲得深刻的體悟與感動。

因此，我恍然大悟：每個人都是滿懷智慧的存在，擁有無數個超乎想像的人生可能。

對於身為浩瀚宇宙的一小部分，卻充滿無限智慧與可能性的靈魂而言，人生就像是一場自製的冒險遊戲。我們的靈魂準備了一場今生遊戲，完美制定我們在揚升靈魂時必備的樣貌、性格、才能、人緣與路程，不僅規劃了所有負面體驗以強化我們揚升的效果，也自行設定了「獎勵」與「警告」。

接著，身為靈魂一部分的我們，將藉由遊玩這場遊戲貢獻宇宙。因此，在開始這場遊戲之前，你並不會知道未來的一切發展。不過，請別擔心，這場遊戲附帶了一個令人安心的保險機制，那就是——「只要遵循靈魂的指引，就能萬事順利！」

但事實上，有許多人完全忘卻靈魂的存在，認為表面上看到的即是真實的自己，並因拚命贏取他人的肯定而飽受煎熬，最終瀕臨崩潰。不僅無法達成這場人生遊戲的目的，也浪費宇宙賜予的力量、天賦及人脈，於是在重要時刻頻頻卡關。

不過，你的靈魂仍會不擇手段，反覆提醒你人生旅途的方向，使你回想起自己的優秀與傑出。此時此刻，宇宙也依舊執行著這個任務。

你肯定會心想：「可是我聽不見靈魂的聲音啊！」其實，你的靈魂在你降臨此世之前早有先見之明，因此，他和我立下約定，希望我在你遺忘此生計畫與才能時提醒你（同時，你也和其他靈魂立下了此約定）。我高興地接下指令，並在這個黃金時刻知會你。所以，我寫下了這本書，這本書即是你「此生」的指南。

對我而言，「星盤」是靈魂制定的一套指南，供此世的你專用。因此，我將我發明的這套占星術命名為「靈魂藍圖占星術」。此書收錄了靈魂計畫中的部份資訊，說明你的靈魂究竟渴望在今生這場漫長的旅程中達成什麼目的、邁向哪個目標、以及獲得什麼體悟，並告訴你揚升的技巧、靈魂目前的揚升階段、擁有的優勢與能力，以及你的靈魂後盾等等。

當然，你無須盡信此書的所有內容，因為根據你靈魂的揚升程度，你有所共鳴的部分將會有所不同。請試著將你認同的部分導入你的生活，並引頸期盼人生中發生的實際變化。此外，本書的結語章節裡也寫下了非常重要的資訊，請各位務必參閱。

起初，你可能會認為達成今生課題十分棘手，這是因為靈魂設定好的今生課題其實大多是你「未曾體驗過的事物」。所以，你肯定無法一蹴即成。然而，在你逐漸熟稔之後，宇宙便會在你每次成功時給予你美好的驚喜，請引頸期盼。

總之，多虧有你，這本書才會出現在這裡。

不論此書的內容是否精準對應到你的情況，只要閱讀這本書的你能夠察覺到「每個人都是超乎想像的偉大存在」，那麼，我便兌現了我和你之間的諾言。

無論是誰，都早已在全知的視角下計畫好此生。大家之所以此時此刻出現在這裡，就是為了在備妥實現理想所需的技能，並且完美無瑕地設定好人生一切情節的情況下，達成專屬任務。

那麼，你是否準備好帶著這本指南，盡情享受「此生」了呢？
敬請活出比藍圖更加精采的人生！

井上小亞子的靈魂　敬上

目錄

查看心上人的龍頭☊！幫助心愛之人「靈魂揚升」

※心愛之人的龍頭落入的星座

透過太陽星座☉明白 今生理想模樣

靈魂決定在今生成為這樣的人！

※太陽落入的星座

透過上升點（ASC軸線）明白幫助靈魂揚升的武器

運用宇宙賦予你的「特殊天賦」加速靈魂揚升

※上升點（ASC軸線）所指向的第一宮星座

關於占星術和靈魂揚升

何謂靈魂藍圖占星術

──本書的使用方法

☆ 本書的使用方法

本書將從星盤資訊中**汲取三項重點，介紹我們該如何藉此了解靈魂的揚升歷程。**

① 龍頭符號 ☊ 落入的星座宮位

② 太陽符號 ☉ 落入的星座宮位

③ 上升點（ASC軸線）指向的星座

要繪製一張星盤，我們必須以圓形呈現某一瞬間的星空，並如切蛋糕般將其分割成12格（請參閱第17頁圖）。這些大小各異的空間稱作「宮位」，擁有各自代表的含意與象徵。我們的靈魂為了完成靈魂藍圖，會精密計算每一瞬間宇宙各天體將賜予的天賦，並分秒不差地抓緊能量齊備的時刻，誕生至此世。因此，要了解靈魂藍圖，我們必須先繪製出自己的星盤。

〈確認靈魂藍圖的方法〉

1

首先，請繪製出自己的星盤。我推薦各位利用網路上的免費資源。由於有些網站不會顯示龍頭☊，搜尋時請輸入關鍵字「占星　免費　星盤　龍頭」。

※註……有些網站在繪製星盤專用的輸入資料頁面之外，還會出現一些以占卜為名義索取個人資料的廣告，請務必小心留意。

2

請選擇信任的安全網站，輸入出生年月日、時間及地點（請務必選擇需要輸入出生時間的網站）。

※註……若不知道自己的出生時間，請輸入中午12點。不過，如果無法得知確切的出生時間，就無法知道自己的「今生武器」。

3

請參閱第17頁，從自己的星盤中找到☊☉ASC這三個符號。

4

各符號代表的含義請見下頁。

①龍頭☊星座……請參閱「今生課題」（第42頁起），了解能幫助你的靈魂極速揚升的今生課題。

②太陽☉星座……請參閱「今生理想模樣」（第202頁起），了解你的靈魂「今生渴望成為的模樣及理想姿態」。

③上升（ASC軸線）星座……請參閱「今生武器」（第276頁起），了解協助靈魂揚升的「必備技能」。

※註……不知道自己確切出生時間的人，只能參閱①龍頭星座「今生課題」與②太陽星座「今生理想模樣」的解說。

5 閱讀自己所屬星座的內容，並懷抱實驗精神「實踐」看看！

☉是♍
☊是♈
ASC是♐
哎呀～
真的是這樣！

在星盤中找尋使用本書所需的符號

填寫欄

查詢龍頭☊落入的星座

例：☊是♎（天秤座）

查詢龍尾☋落入的星座

例：☋是♈（牡羊座）

查詢太陽☉落入的星座

例：☉是♏（天蠍座）

查詢上升點的軸線（也稱為ASC軸線、上升宮位）落入的星座

（即第12宮與第1宮之間的線，位於九點鐘方向。）

例：ASC是♓（雙魚座）

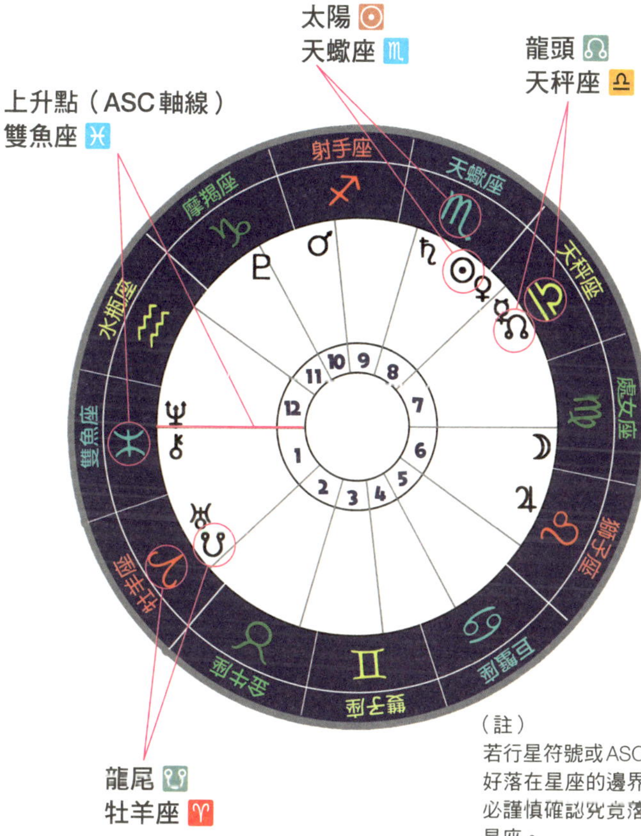
太陽 ☉
天蠍座 ♏
龍頭 ☊
天秤座 ♎
上升點（ASC軸線）
雙魚座 ♓
射手座
天蠍座
摩羯座
天秤座
水瓶座
處女座
雙魚座
獅子座
牡羊座
巨蟹座
金牛座
雙子座
1
2
3
4
5
6
7
8
9
10
11
12
龍尾 ☋
牡羊座 ♈

（註）
若行星符號或ASC軸線正好落在星座的邊界，請務必謹慎確認究竟落入哪個星座。

各星座符號（本書使用的符號）

♈ 牡羊座	♉ 金牛座	♊ 雙子座	♋ 巨蟹座
♌ 獅子座	♍ 處女座	♎ 天秤座	♏ 天蠍座
♐ 射手座	♑ 摩羯座	♒ 水瓶座	♓ 雙魚座

☆ 今生課題（龍頭☊）

在占星學裡，太陽和月亮的軌道有兩個交點，其中，月亮上升時與太陽軌道重合的交點（距離地球北極點較近）稱作「龍頭」（☊月北交點）；月亮落下時與太陽軌道重合的交點（距離地球南極點較近）則稱作「龍尾」（☋月南交點）。約每一年半，龍頭／龍尾會前進一個星座宮位。

龍頭代表著你靈魂所設定的「今生課題」，將幫助你的靈魂迅速揚升。

我們生來就帶著這份設定好的「今生課題（需要破解的課題）」，必須化解它，才能改正前世偏頗的慣習，修補靈魂的缺失，提升經驗值，懷抱更多自由與喜悅。

與之對應的龍尾必定位於龍頭的正對面，換言之，龍頭與龍尾位處星盤上的相對位置（請參閱第17頁圖）。

龍尾落入的星座象徵你在**前世**「執行過頭的事」，由於經驗過於豐富，才會導致靈魂極度失衡。事實上，**你的靈魂之所以會選擇現在的龍頭星座作為你的「今生課題」，正是為了協調這股失衡**。因為你在過去累世的經驗中，遲遲未能獲得這項體驗，因此靈魂立志培養這道技能。

我時常在靈魂諮詢中，告訴大家務必積極化解龍頭象徵的課題，然而，每個人都困惑不已，並認為這是一場艱困的挑戰。所有人都異口同聲哀嘆：「為何我的課題如此艱難？」

相對而言，龍尾所代表的技能對你應當是易如反掌的（你可以試著在今生課題的章節中查看自己龍尾星座的內容，你肯定會覺得這些事情輕而易舉）。你可能會認為，所有人都能輕鬆練就你龍尾象徵的技能，但事實上並非如此。

因此，我們可以說，龍尾象徵的技能是你得以言傳身教的「拿手絕活」，而龍頭象徵的技能則是你「必須學習的領域」。

不過，正因為你在過往累積了過多龍尾象徵的經驗，你的靈魂才會來到此世，進行平衡。

因此，就算你再怎麼擅長龍尾象徵的技能（拿手絕活），過度運用它也只是白費工夫，甚至可能引發麻煩、惹怒周遭人士。畢竟，你的靈魂早就已經設定好要「暫停」運用這些能力。

其實，我們在今生的幼年期裡，時常會反覆前世的行事作風（月南交點），不停複習靈魂的慣習，藉此反覆確認自己應當做出哪些改變。換言之，龍尾象徵著我們從**今生幼年期到青春期之間的經驗**。

本書將依據你今生課題的完成度區分等級，由低至高分別為新手等級的**「菜鳥」**、高手等級的**「平衡者」**，以及教師等級的**「和諧大師」**（請參閱第28頁及第36頁），並分別介紹各自的特徵與加速進化的訓練方式。當你今生課題的完成度上升時，將能獲得和諧與平衡，並加速成為自202頁起介紹的太陽星座象徵的「今生理想模樣」。

☆ 今生理想模樣（太陽☉）

一般占星術所使用的就是太陽星座。太陽星座由你出生當下**太陽**落入的星座宮位決定，約每一個月會進入下一個星座宮位。

靈魂藍圖占星術中的太陽星座，代表著**你此生的「理想目標及模樣」**，是你的靈魂基於好幾世的前世體驗所策畫而成。

你的靈魂在來世前，肯定懷抱著深切的渴望，希望此世能成為某種人、體驗某件事。而當你誕生於此世後，靈魂深處依舊烙印著這股盼望，引領你朝著「自許的理想目標」邁進。

隨著年紀增長，你將愈能感受到內在懷抱著這股理想。相反地，大多數年輕人往往未能清楚領略自己的內在目標，因為它尚未明顯浮現（若身為年輕人的你能夠確實感受到自己的太陽星座特質，很有可能是因為其他行星也落入了相同的星座）。

我們的靈魂會提供各式各樣的提示、徵兆與陷阱，讓我們能夠確實朝著立定的目標成長邁進（請參閱第34頁）。不過，「恐懼」與「不安」往往會讓我們愈來愈難察覺靈魂的暗示。許多人因為親人、旁人，或整個社會集體懷有龐大又未知的恐懼，而無法以理想模樣享受今生。

其實，許多母親會發現，涉世未深的嬰孩身上，往往能看見本書所描述的理想模樣；但當他們開始步入社會後，這樣的特質常因逐漸染上「恐懼」的氛圍而暫時消散。

然而，當面臨影響人生的重大事件，或站在左右命運的浩大交叉路口時，靈魂預設的警鈴就有可能響起，觸動你的靈魂，使你突然憶起自己懷有這樣的特質，並在不知不覺間發揮本領。大多數人在步入30至40歲時，將會慢慢意識到自己身上的太陽星座特質。

我們將在自我意識或靈魂的引領之下，逐步化解「今生課題」，協助靈魂取回平衡；又或者，透過形形色色的體驗來提升經驗值，逐漸學會靈活運用「恐懼」與「不安」。進而從**「膽小鬼捷諾」**進化為**「達觀大師」**，並在歷經無數次輪迴後，成為最高境界的**「智者烏魯斯」**（請參閱第28頁及第36頁），同時在這段歷程中，逐漸完成生而為人的獨特使命。

☆今生武器（上升點〈ASC軸線〉）

※約每兩個小時會進入下一個星座宮位，因此需要知道確切的出生時間。

上升點（ASC軸線）指的是開展星盤第一宮的起始線，而上升點落入的星座，即為你出生之時最先升上地平線的星座。

現代占星術普遍認為，上升星座代表一個人的行為模式及外表，但本書（靈魂藍圖占星術）則將上升星座視為**「能夠締造、改變現實的強力武器」**。

靈魂會依循計畫，讓你在以肉身之姿誕生之初，浸浴於一股能量中。「今生武器」所呈現的特質，即是這股能量的具體展現，是對你人生極為有利的「特殊武器」。

它對現實世界的影響力十分強大，而且，由於你會由內而外散發出這股特質，它甚至能成為他人對你初次見面的第一印象。此外，它也會影響你的肉體特徵，讓外貌成為你靈魂揚升的有力後盾。

若你能夠善用這項地表最強的工具，將能迅速吸引靈魂渴望的體驗，大幅提升「今生課題」的完成率，加速靈魂揚升，以理想之姿盡情享受今生。

但若你的武器等級過低，無法妥善使用，可能會不經意帶給他人不良印象，凡事徒勞無功，甚至事與願違。因此，只要提升武器等級，你便能吸引靈魂渴望的關係與環境，輕鬆跨越靈魂藍圖規劃的種種難關。

☆ 不停進化靈魂，成為涵蓋一切萬物的全體

在漫漫的歷史長河裡，眾占星師締造出無數種占星術。

儘管統稱作「占星術」，各占星師對於靈魂卻抱有不同的見解，例如「太陽星座代表靈魂」、「ASC軸線為最古老的靈魂特質」、「星盤呈現出一個人的靈魂」等，理論眾說紛紜。每道說法皆是各占星師以不同視角做出的解釋，但最重要的是，這些解釋最終能帶給多少人療癒與勇氣，引領人們迎向幸福美滿的人生。因此，請勿以評判對錯的觀點來選擇自己想要使用的

占星術，而應分析哪一套占星術能讓你過上更美好的人生。如果每套占星術都對你的人生有益的話，你也可以一併作為參考。

本書所介紹的「靈魂藍圖占星術」，是一套以靈魂成長與揚升的視角來解讀所有星盤資訊的占星術。這套占星術融合了歷史上眾多偉大占星師代代傳承的研究精華、我個人的靈性知識，以及我在從事靈性工作時個案們告訴我的故事。

靈魂本來就是從「涵蓋一切萬物（所有人物與存在）的**全體（宇宙、偉大存在）**」分支出來，透過各式各樣的人生體驗來收集寶貴資訊。我們每個人的靈魂都在此過程中一步一步揚升，最終回歸**全體（宇宙、偉大存在）**。換言之，當靈魂完成揚升，我們終將成為「涵蓋一切萬物的全體」。

然而，靈魂在歷經無數人生經驗之後，難免會變得偏頗斑駁，因此會設定「今生課題」，以撫平所有凹凸，回歸平衡的玉石（靈魂）。

各個靈魂在各自的人生中，會為了促進彼此的成長與揚升，合演各式各樣的情境，汲取必要的經驗，從中收集最新且獨特的資訊。靈魂會將這些資訊回傳**全體（宇宙、偉大存在）**，幫助全體（宇宙、偉大存在）擴大揚升。

因此，靈魂每次都會仔細設定「今生目標」，打造能夠歷經嚮往體驗並完成指定任務的完美角色；接著，選擇能夠實現計畫的有力「今生武器（特殊天賦）」；最後，精準地抓準時機，將肉身送往人世，讓肉身得以完美吸收各式各樣的能量。沒錯，你的靈魂就是這樣降臨人世的。

靈魂藍圖占星術將星盤視為「朝向全體邁進的靈魂成長揚升計畫」，因此不會特別解讀自前世一脈相承至今的既有特質，而只會說明靈魂專為今生設計的「角色」（今生理想模樣）、「今生武器」（能力）與「今生課題」（平衡靈魂的計畫）。

每個靈魂都擁有慣習（凹凸），那是你在渾然不覺中帶來此世、即使渴望拋棄也仍會不斷展現的遺憾性格。因為靈魂不只渴望擁有單一特質，反而希望能擁有並自由活用所有技能。靈魂真正的目標，是如同全體（偉大存在）一般，學會所有的技藝。

雖然如此，擁有慣習並非壞事。真正的問題在於無法拋棄慣習，以致無法習得其他才能。

☆來確認你的靈魂揚升程度以及今生課題完成度吧！

鋪陳了這麼多，簡而言之，本書將從精密複雜的占星術中涵蓋的眾多資訊裡，聚焦說明「龍頭☊」、「太陽☉」與「上升點（ASC）」這三大重點，以及「今生武器」的升級方法。

事實上，並非所有行星落入同一星座的人，都會完全展現該星座的所有特質。隨著靈魂揚升程度的不同，所呈現出的外顯特質也會有所差異；此外，沉睡於每個人內在、有助於靈魂揚升的必備條件也各不相同。簡單來說，每個人的靈魂揚升程度與今生課題完成度皆不盡相同。

不過，我希望各位能謹記，「你」以及「你心愛之人」，都遠比書中所能描述的還要更加繁複且立體，而且每個人肯定都帶著許多優秀的天賦來到這個世界。這本書期望揭露其中一小部分，讓你能夠好好善用這些特質。

為了讓大家更清楚地理解自己的靈魂揚升程度與今生課題完成度，本書設計了以下角色。

★龍頭代表的「今生課題」完成度

菜鳥……仍保有濃厚的前世慣習，靈魂依舊失衡且感到難受。

平衡者……已經克服大部分的今生課題並找回平衡，自己與旁人皆和平喜樂。

和諧大師……完完全全化解今生課題，足以成為眾人的導師。

★太陽星座代表的「今生理想模樣」蛻變程度

膽小鬼捷諾……容易陷入恐懼，尚未成為理想模樣，無法真正享受人生。

達觀大師……能夠善用恐懼，以理想模樣悠遊人生。

智者烏魯斯……完全拋棄恐懼，完美化身為理想模樣。

★上升點（ASC軸線）代表的「今生武器」等級

初階……有時仍無法順暢使用，容易不經意帶給眾人不良印象、凡事徒勞無功，甚至事與願違。

高階……武器升級後，將能吸引靈魂渴望的關係與環境，輕鬆跨越靈魂藍圖中規劃的種種難關。

各星座的符號顏色都是經過精挑細選，選用了與該星座能量相近的色彩。因此，各位在日常生活中，也不妨試著多加運用你星座符號的顏色吧！

人與萬物瞬息萬變，永不停歇。在這樣的變化過程中，沒有人能一輩子扶搖直上。每個人都是在搖擺不定與反覆無常之中逐步前行，就如同鐘擺在左右擺盪中推進時間，蛇在左右搖曳中邁進，或像從旋轉樓梯的底部舉步爬升，最終才能攀至頂端。

希望各位可以天天翻閱本書，在各式各樣的日子——還只是菜鳥或膽小鬼捷諾的日子、晉升為和諧大師或智者烏魯斯的日子、武器仍是初階的日子、武器升級為高階的日子——裡，逐步拓展世界，對一切體驗懷抱濃厚的興趣，收穫更多自由豐盛的時刻。同時，也請以玩味的心觀察每天的自己，並好好疼愛你自己。

別一口氣相信
全部的內容！

不過

也別認為這些
都是胡說八道！

靈魂投胎轉世原來是這麼回事？

宇宙如何創造？

宇宙在揚升與創造的過程中，會先融合眾多相異的事物，再不停孕育新事物，同時維持整體的和諧。

何謂靈魂？

靈魂是從「浩瀚宇宙」中分支出來的一部分。當你明白「陰中有陽、陽中有陰」的運作機制後，將能加速自身的揚升與創造。

靈魂眾生的目的是「一同創造宇宙」

靈魂會透過各種大小經驗來弭平自身的凹凸，以回歸「涵蓋一切萬物的全體」。靈魂締造的感動、選擇、方法與一切事物，皆會成為「素材」，幫助宇宙成長與揚升（詳情請見第25頁）。

你的靈魂「使命」是？

在浩大的現實人生遊戲中不停闖關，收集有助於宇宙揚升與擴大的資訊。

靈魂的力量

每個靈魂都擁有顯化內心信念的能力。換言之，你的信念終將化為現實。無論是開心還是無聊的事，最終都會成真。因此，請審慎選擇你所抱持的信念。

三次元世界特有的大型遊戲

設定好此生渴望獲得的經驗，
開始遊戲（人生）！
化身為專屬角色，突破困境與課題，
只要累積經驗值、
取得寶物（揚升、成長），
將能逐漸晉級（進入下一世）！
一起在這段旅途中
學習駕馭創造力吧！

盛大募集參加人員

一同享受超真實沉浸式遊戲，
幫助宇宙揚升吧！

徵召地球人

成為你喜歡的角色，
透過各種經驗汲取資訊，
協助宇宙擴大與揚升。
附有來自無數宇宙的加持！

規則

1. 藉由各種經驗收集豐富資訊，提升經驗值，讓靈魂持續揚升進化！
2. 揚升後，將能提升你的能量、能力、自由度、快樂指數與裝備等級！
3. 隨著你透過揚升逐步弭平靈魂的凹凸，將能汲取更多深入且稀有的資訊！
4. 當然，隨著經驗值的提升，來自宇宙的加持也會同步升級！

好興奮呀！
運用三次元世界
獨有的時間與身體，
體驗未知的情緒與感受吧！

注 當眾多靈魂申請投胎至同一副身體時，將會先嚴格審查每一張靈魂藍圖，並在全數靈魂達成共識後，才會賦予其中一個靈魂投胎資格。未獲得轉世資格的靈魂，將成為無形的靈魂後盾，從旁給予支援。

想要投胎的人看過來！

靈魂之路地圖

開啟今生遊戲前的準備

靈魂在離開肉體前的那一瞬間，會模擬各種情境，確認自己是否「善盡了這副身體的職責」後，才會離開肉體。

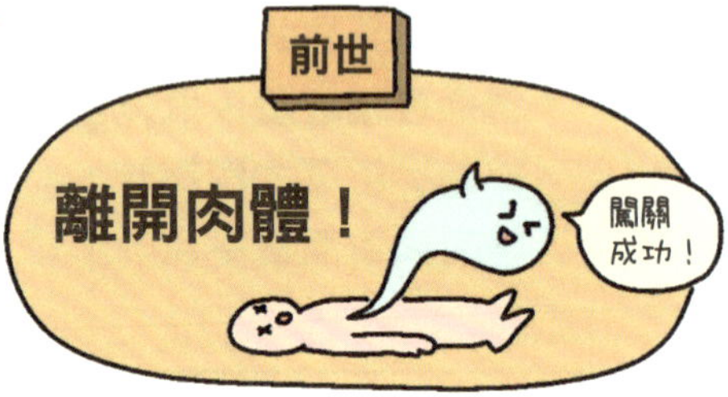
前世
離開肉體！
闖關成功！

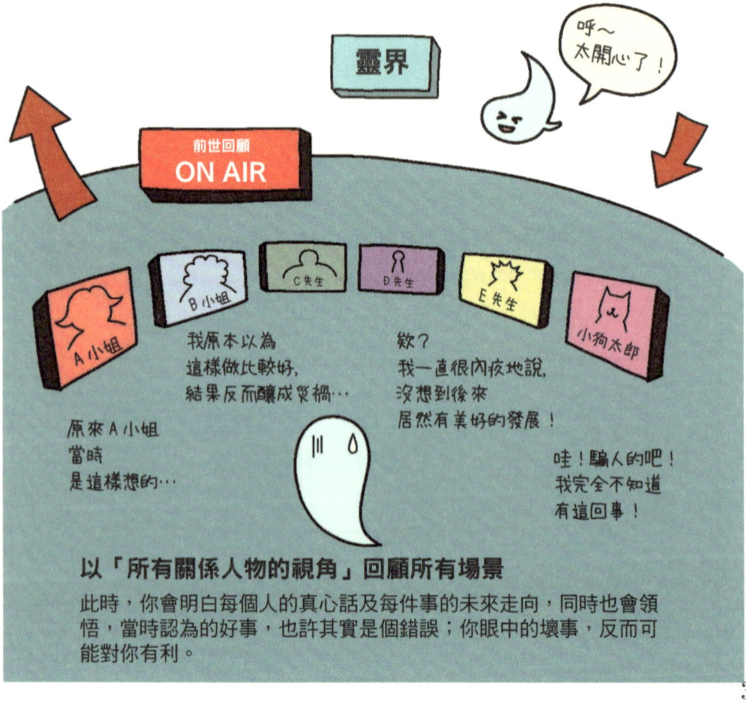
靈界
呼～
太開心了！
前世回顧
ON AIR
A小姐
B小姐
C先生
D先生
E先生
小狗太郎
我原本以為
這樣做比較好，
結果反而釀成災禍…
欸？
我一直很內疚地說，
沒想到後來
居然有美好的發展！
原來A小姐
當時
是這樣想的…
哇！騙人的吧！
我完全不知道
有這回事！

以「所有關係人物的視角」回顧所有場景

此時，你會明白每個人的真心話及每件事的未來走向，同時也會領悟，當時認為的好事，也許其實是個錯誤；你眼中的壞事，反而可能對你有利。

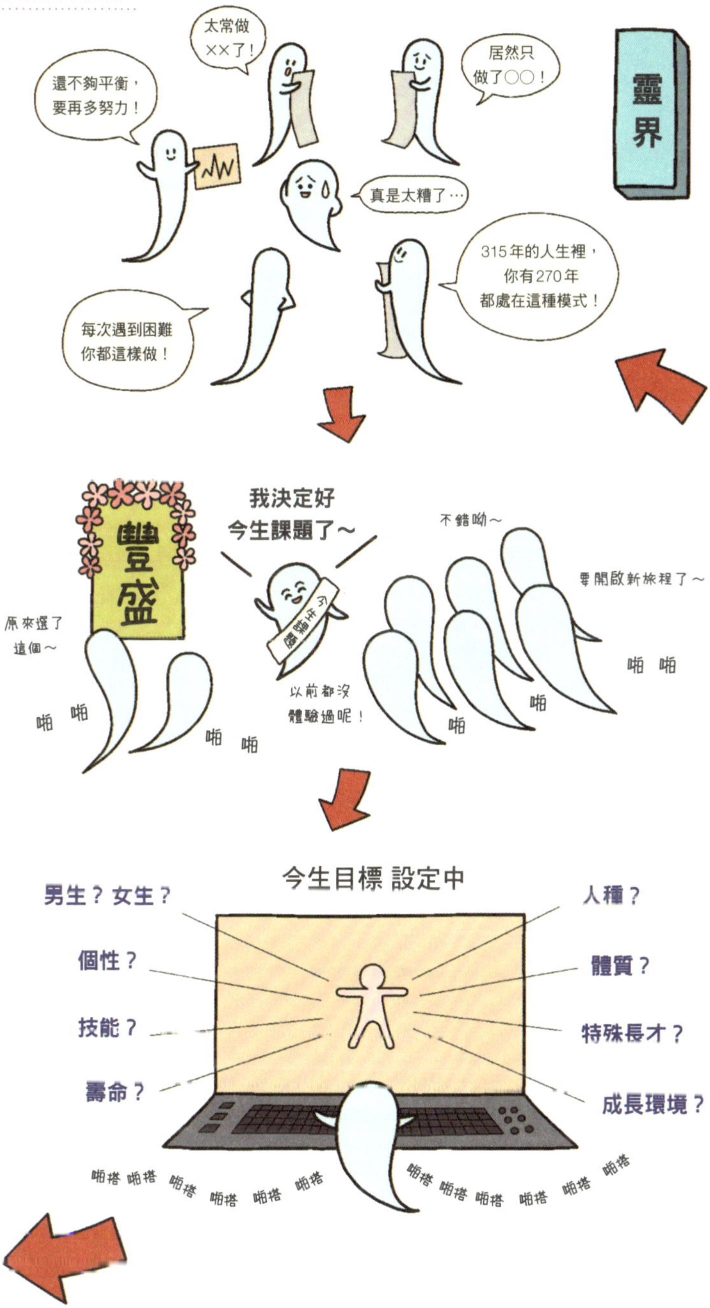
靈界
還不夠平衡，要再多努力！
太常做××了！
居然只做了○○！
真是太糟了…
每次遇到困難你都這樣做！
315年的人生裡，你有270年都處在這種模式！
豐盛
我決定好今生課題了～
不錯呦～
要開啟新旅程了～
原來還了這個～
以前都沒體驗過呢！
啪 啪
啪 啪
啪
啪
啪 啪
今生目標 設定中
男生？女生？
個性？
技能？
壽命？
人種？
體質？
特殊長才？
成長環境？
啪搭 啪搭 啪搭 啪搭 啪搭 啪搭 啪搭 啪搭 啪搭 啪搭 啪搭 啪搭

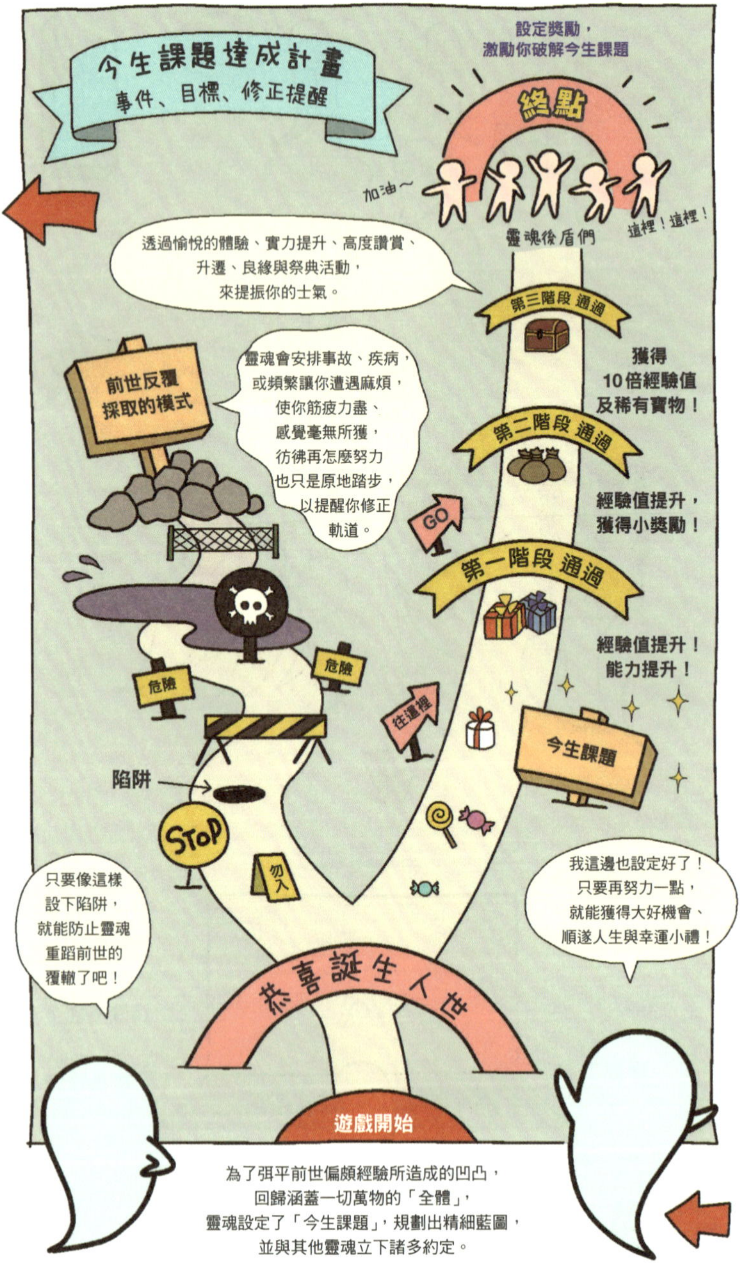
今生課題達成計畫
事件、目標、修正提醒
設定獎勵，
激勵你破解今生課題
終點
加油～
這裡！這裡！
靈魂後盾們
透過愉悅的體驗、實力提升、高度讚賞、
升遷、良緣與祭典活動，
來提振你的士氣。
第三階段 通過
獲得
10倍經驗值
及稀有寶物！
前世反覆
採取的模式
靈魂會安排事故、疾病，
或頻繁讓你遭遇麻煩，
使你筋疲力盡、
感覺毫無所獲，
彷彿再怎麼努力
也只是原地踏步，
以提醒你修正
軌道。
第二階段 通過
經驗值提升，
獲得小獎勵！
GO
第一階段 通過
經驗值提升！
能力提升！
危險
危險
往這裡
今生課題
陷阱
STOP
勿入
只要像這樣
設下陷阱，
就能防止靈魂
重蹈前世的
覆轍了吧！
我這邊也設定好了！
只要再努力一點，
就能獲得大好機會、
順遂人生與幸運小禮！
恭喜誕生人世
遊戲開始

為了弭平前世偏頗經驗所造成的凹凸，
回歸涵蓋一切萬物的「全體」，
靈魂設定了「今生課題」，規劃出精細藍圖，
並與其他靈魂立下諸多約定。

和靈魂後盾立定契約

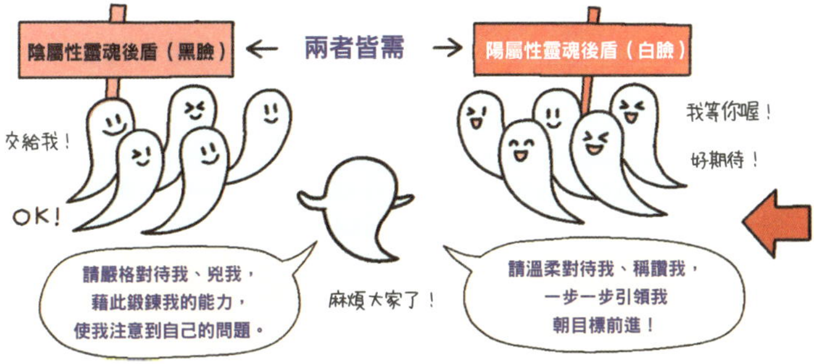
陰屬性靈魂後盾（黑臉）
兩者皆需
陽屬性靈魂後盾（白臉）
交給我！
OK！
我等你喔！
好期待！
請嚴格對待我、兇我，
藉此鍛鍊我的能力，
使我注意到自己的問題。
麻煩大家了！
請溫柔對待我、稱讚我，
一步一步引領我
朝目標前進！

靈魂會和每位靈魂後盾認真討論，他們究竟該以什麼身分、在什麼時間點、以何種方式給予支持，而自己又該做出何種回應。
若你沒有在約定的時間點成為預期的模樣，可能會見不到某些靈魂後盾。

和宇宙立下契約

你的一切經歷，都是幫助宇宙創造的重要資料。我將審慎保存它們於宇宙資料庫中，並好好加以運用。
作為謝禮，我將贈予你一些禮物（力量、技能），請笑納。
請務必在接下來的生活中盡情活出自我，累積嶄新的經驗與資訊。

宇宙.

投胎典禮

獲得技能與力量

開啟今生

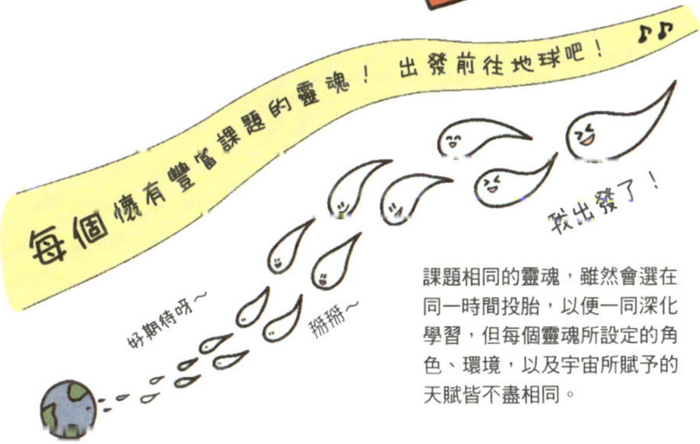
每個懷有豐富課題的靈魂！ 出發前往地球吧！ ♪♪
我出發了！
好期待呀～
掰掰～

課題相同的靈魂，雖然會選在同一時間投胎，以便一同深化學習，但每個靈魂所設定的角色、環境，以及宇宙所賦予的天賦皆不盡相同。

靈魂揚升圖鑑

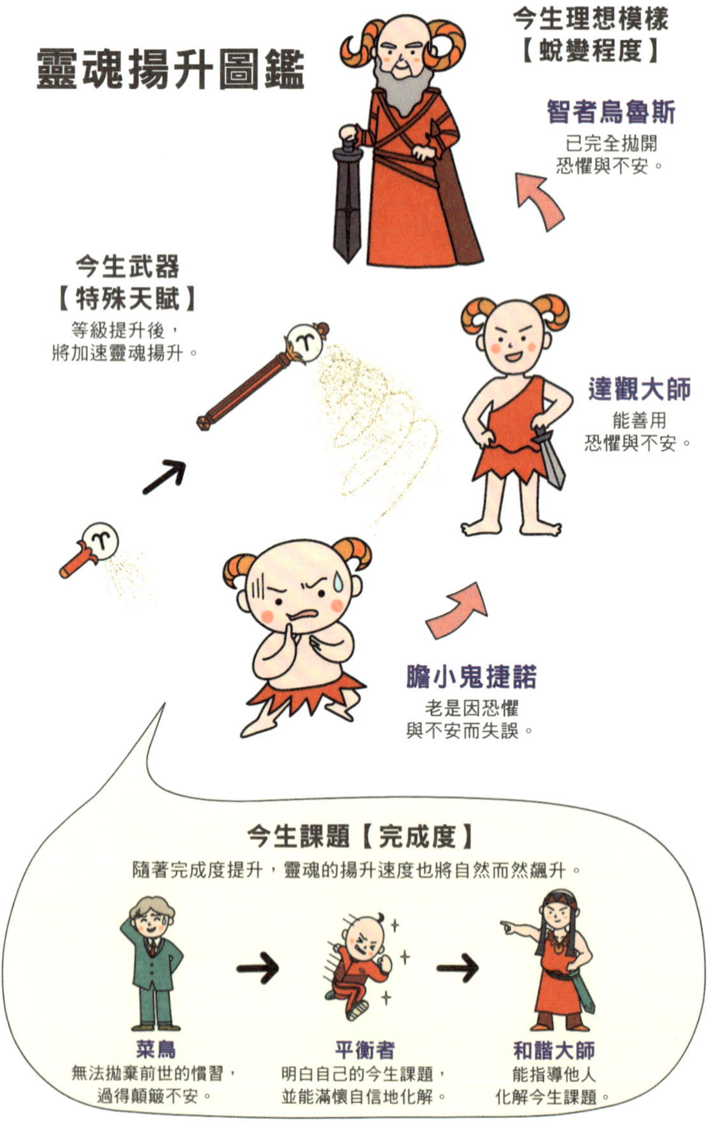
今生理想模樣
【蛻變程度】
智者烏魯斯
已完全拋開
恐懼與不安。
今生武器
【特殊天賦】
等級提升後，
將加速靈魂揚升。
達觀大師
能善用
恐懼與不安。
膽小鬼捷諾
老是因恐懼
與不安而失誤。
今生課題【完成度】
隨著完成度提升，靈魂的揚升速度也將自然而然飆升。
菜鳥
無法拋棄前世的慣習，
過得顛簸不安。
平衡者
明白自己的今生課題，
並能滿懷自信地化解。
和諧大師
能指導他人
化解今生課題。

本書插圖中的男生／女生，對應的是占星術中的陽性星座與陰性星座，並非直指實際的性別。其實，宇宙正是透過「男／女」、「外向／內向」、「激進／保守」、「外顯／內斂」、「陰／陽」等各種相對特質，來創造這個世界。

別盲從時代的腳步！如何不錯過來自靈魂的訊息？

從占星的視角來看，我們現在已經躍進風象時代，首先踏入的是——只要對自己完全負責便「無所不能」的水瓶時代。「展現自由與獨特性格」的趨勢已然展開（詳細請參閱第301頁起的內文）。

不過，請別盲從時代的腳步、受資訊擺布，而偏離自己的「真實模樣」。只有「你」才能在這浩瀚宇宙中達成「你」的任務；也只有你，才能在體驗靈魂渴望的專屬經驗後，明白其中的意義，進而放下不適合的人事物，持續揚升「你」的靈魂。

只要能不斷提升自我特質、揚升靈魂，即便不迎合時代，你渴望達成的所有目標，依舊能自然而然地融入並乘上時代趨勢，並在不知不覺間幫助到他人。既然有必須順應風象時代才能完成的任務，那麼，肯定也有必須違背時代潮流才能執行的事。重點只有揚升你的靈魂，根本無需接收任何與你無關的資訊！

重要

揚升靈魂的最快方法
——通自己的靈（與靈魂對話）

接下來，我要向各位傳授一道十分重要的技能，那就是——「通自己的靈」。舉閱讀此書為例，請你在閱讀本書內容時，留意自己的內在心緒。

1

在你閱讀自己星座的介紹文時，令你**深表同意與信服、內心湧現破關斬將的自信與力量、昂首闊步、呼吸順暢、肩膀放鬆、抬頭挺胸且身體輕盈、下腹部結實有力、感覺自由、神清氣爽、腦海浮現嚮往、比以往更喜歡自己、覺得未來能夠漸入佳境、自然展露笑容**的部分，正是你潔淨無瑕的靈魂希望你有所嘗試的重要體驗。

另外，那些讓你**近乎淚崩、莫名其妙煩躁、說是藉口卻又暗自認同**的部分，很可能是你靈魂根深蒂固的舊習。

請務必利用這些內容進行實驗觀測，並細細體會自己的人生和生活有何變化。

2

相反地，在你閱讀自己星座的介紹文時，讓你**感覺不對勁、疑惑地歪頭、呼吸急促、垂頭喪氣、心煩意亂、失去動力、氣息凝重、害怕畏懼、無精打采、胸悶難以專心、眉頭深鎖備感懷疑、產生必須遵守的壓力、開始分心思索無關緊要的事情**的部分，請暫且忽略。會有這些感覺，是因為你已經完全克服這些阻礙，或者這些內容已經偏離你靈魂的渴望，所以你的靈魂正在告訴你：「這不是你現在需要的訊息」、「請相信符合自己的資訊就好！」

這個過程就稱作「與靈魂對話（通自己的靈）」。事實上，你的靈魂早已知曉全部的答案，你也早已備齊所有必需品。接下來，僅端看你是否願意聽從靈魂的聲音。「與靈魂對話（通自己的靈）」宛如一副堅定不移的指南針，在這個「無所不能」、萬物皆具價值的時代潮流裡，你必須善用這套基本配備，明白自己該如何善用何種資訊，以及如何忠於靈魂本質地活下去。

人類每分每秒都在揚升，只要你愈常「與靈魂對話（通自己的靈）」，你將愈加熟能生巧，同時恍然大悟，所有人都能透過與自己的靈魂對話，連結其他所有靈魂。而且，你也能不受

「時代」或「與自己不合的人事物」擺布，與其保持得以尊重彼此差異的最佳距離，自在活用「對你而言必要的資訊」，全力揚升成靈魂嚮往的模樣，並與眾人分享這份喜樂。

若本書能成為你靈魂揚升（強化自我本質）的一點助力，那將是我靈魂至高無上的榮幸。希望某天自三次元世界解放的黎明來臨，我將要離開這副身體時，能與你的靈魂深入分享這份喜悅。

你的靈魂會分秒不差地精選出生的時刻，抓準「最佳時機」，從各行星獲取恰到好處的能量，讓肉身在來到人世時得以獲得今生渴望擁有的「一切要素（個性、才能、體質、運氣、環境、挑戰等）」。

透過龍頭Ω明白

今生課題

靈魂決定「此生必學這項技能」

只要你成功破解你的靈魂在來世前設定的「今生課題」，你將能迎接前所未有的「嶄新自我」，收穫許多未曾領受過的禮物。

你究竟是為了什麼目的才蒞臨此世的呢？

就讓我們依序端詳你的前世、靈界及今生，探究你的靈魂究竟立定了什麼計畫、渴望達成什麼目標，又為何總是落入相同的迴圈？

依據課題的完成度，一共區分為「**菜鳥**（新手）」、「**平衡者**（高手）」和「**和諧大師**（導師）」三種等級。我們每日每夜、每分每秒都在變化，所以，請一面執行加速進化的訓練，一面對照各等級的特徵，確認自己現今課題的完成度！也請務必參考各星座符號的顏色，以及插圖顏色的變化！

請查看此符號（龍頭）
落入的星座！

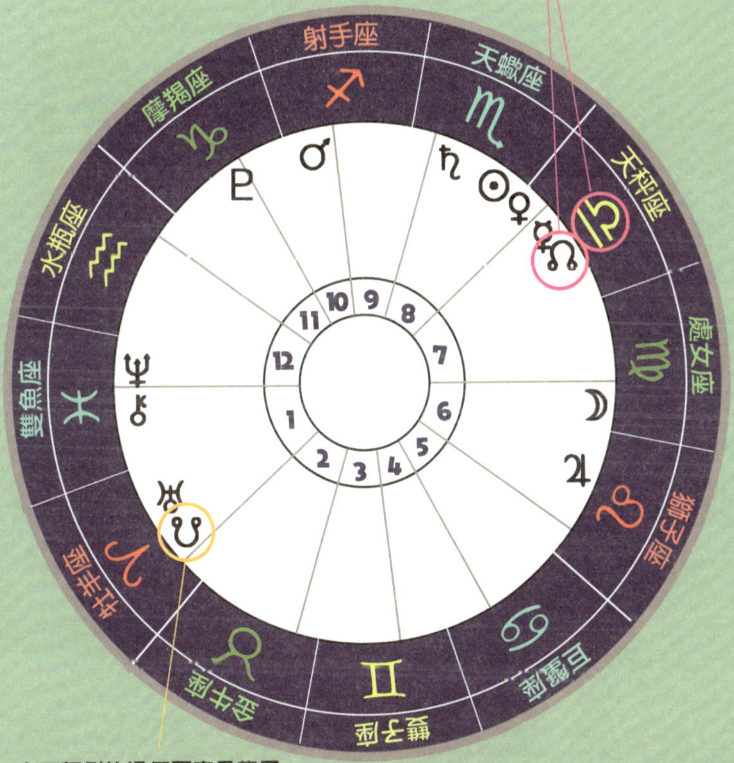

上下顛倒的這個圖案是龍尾，
可別搞錯了！

註：龍尾☋落入的星座象徵你「前世的模樣」，本書為了方便各位理解，將以「龍頭○○座的前世」進行說明。
（例：「龍頭☊天秤座的前世」其實指的就是龍尾牡羊座。）

龍頭 牡羊座

前世

你在前世一直反覆執行這些事！

因過度友善而淪為濫好人

老是過度在意他人臉色，卑躬屈膝，長期過著任人擺布的人生。

你在眾多前世裡，總是因枝微末節的事情而遭人排擠，生活十分困苦。

因此，你拚命察言觀色，努力不被討厭，一再配合眾人，結果，反而淪為過度友善的「濫好人」。

最後，你甚至愈來愈不明白「自己真實的心聲」，也不再追求生活的目標。

大家一起和樂融融地相處吧！
不要被大家討厭就好！

【你在前世可能是這樣的人】

善良村民／服侍王室的卑微大臣／熱衷流言蜚語的名流貴族／專職息事寧人的豪宅管家／對丈夫百依百順的妻子（對妻子言聽計從的丈夫）／任性藝術家的贊助商／對社長唯命是從的副總／獨裁政治家的祕書／夾在多國角力之間的外交官

經歷太多，靈魂已經受夠了！
——靈魂的心聲

我在前世總是努力當名好人，以打造**「萬眾和平的社會」**。

然而，不停告訴自己「務必保持微笑，待人和善」、「必須善解人意，不可對人評頭論足」、「絕對有不少人願意傾聽、通情達理」，而總是滿懷笑容的我，卻變得不敢拒絕別人。

最後，他人總是厚顏無恥、荒唐無理地對待我，但老實說，真想叫他們適可而止！我可是滿腹苦水呀！再者，我也沒有多喜歡他們！

儘管大家建議：「討厭對方的話，就勇敢說出口吧！」但表達厭惡絕對會令對方勃然大怒，甚至引來流言蜚語吧？

討厭的事情

粗魯的言語、爭執不休的氛圍、慘遭排擠、被人討厭（單純不被喜歡倒還無所謂）。

嘴上聲稱：「雖說應當要善加表達自己的意見和主張，但如果每個人都自掃門前雪，這世界肯定會變得雜亂無章！」卻又在回過神後，發現自己遍體鱗傷（笑）。

此外，也沒有能夠吐露真心的朋友。

事實上，我根本不知道自己內心真正的想法是什麼……哎呀！真是夠了！我最討厭自己這麼**「難以理解」**！

跳脫前世的無限輪迴吧！
——這些慣習會阻礙你的揚升！

「認為自己一個人絕對辦不到」……在眾多前世裡，你總是缺乏自信，習慣與他人商討，無法自行做決定。

「害怕被討厭」……對過往的你而言，遭人排擠簡直是致命打擊，因此你總是扮演「好人」，以免遭人厭惡。

「拒絕爭執」……過往的你認為爭吵會導致人生陷入混亂，因此你非常討厭他人動怒，也總是拚命緩頰紛爭。

「不了解自己」……過往的你老是在意他人，把自己擺在最後，始終學不會重視自己。

龍頭　牡羊座

靈界

你的靈魂在和眾多聰明前輩討論後，決定選擇這張藍圖！

找回「自我」大冒險

※請參閱「靈魂之路地圖」（第32頁至第35頁）

先精進前世擅長的技能吧！

你對於
「站在對方立場思考的能力」
十分出色！

從對方的角度來看會如何呢？
對方究竟在糾結什麼呢？
若不先了解對方，
並用對方熟悉的方法說明，
就無法讓對方理解我的意思了吧！

總是能像這樣嘗試理解對方的你，說服他人的才華簡直一流！你在眾多前世裡，總是運用這份能力，緩解眾人的衝突，協助人類和平共處。

不過，若希望他人同等地理解自己，就必須善加了解自己，否則將無法好好表達自己的主張。

為了避免在此生再次埋怨對方總是占盡便宜、可惡至極，我們必須清楚表達**自己的看法與要求**。只要這麼做，對方絕對能予以理解，你也能與他人締結良好關係。

靈魂的今生目標清單

——在接下來的人生裡，
你將會開闢哪些「嶄新自我」呢？

- 只要覺得有趣，就立即付諸行動，日以繼夜地投入其中。
- 即使會惹怒他人，也要做自己想做的事，說自己想說的話。
- 能夠興奮地認為：「危機就是轉機」。
- 絕對要嘗試他人未曾挑戰過的事。
- 對未知的發展感到興致勃勃。
- 在發現更酷炫的目標時，能立即放下手邊的工作。
- 獲得足以跨越任何困難的強大力量。
- 不斷開發、鍛鍊未知的「力量」。
- 讓他人明白，每個人皆有自己的強項。
- 相信自己，勇於嘗試。

此生決定要進化成這副模樣！

- 不在意他人眼光，開闢自己嚮往的道路！
- 依賴自己，不依賴他人！
- 靈感降臨就立即行動！
- 即使懦弱，也要鼓起勇氣跨越難關！
- 開闢更多嶄新的自己！
- 協助自己與他人回到正軌！
- 保持開朗、真誠、單純！

決定

來自宇宙的訊息

你為了守護「世界和平」，經歷了許多場人生。不過，眾人總是輕蔑、利用滿懷笑容的你。即便內心早已筋疲力竭，你仍在往後的眾多人生裡堅守和平。

現今眼前的祥和，正是你累世努力的成果。因此，接下來，請以此為基礎，重新打造你自己吧！

我非常期待你靈魂強而有力的揚升。

龍頭　牡羊座

今生

今生課題（挑戰）

喚醒沉睡自我的通關密語

奪回「自己的力量」

原來自己這麼優秀！
經歷種種冒險，找回真實自我吧！

找回「真實的自我」……透過各式各樣的挑戰，重新愛上自己。

發揮「堅韌的生命力」……相信自己的潛力，靠自己抓住幸福。

努力跨越「一切難關」……靈魂已設下許多充滿挑戰的難題來鍛鍊你。

明白「憤怒」與「競爭」的優點……學習駕馭這兩股強烈的能量。

每當遭逢不順時，你的靈魂會試圖讓你透過發怒來擺脫不愉快的情緒，只是，你常常不允許自己發火，就連擺出厭惡的表情都覺得失禮。

因此，你的靈魂設計了一道機制，讓你在迷失自我時，會像過敏反應般感受到強烈的厭惡感。當他人誤解你的個性，強迫你執行討厭的事，你便會火冒三丈。此時，請盡情生氣吧（認真感受憤怒和發洩憤怒是兩回事）！接著，甩開那些不適合你的事物、思想與形象。你的靈魂藍圖正是計畫透過「憤怒」，來幫助你更做自己，並且更堅強地活下去。

生性懦弱的人在看見這樣的你之後，也將找到自己的強項，滿懷純粹的生命喜悅。

今生課題

新手等級

菜鳥 ♈

菜鳥仍深受前世影響，
並且尚未明白
今生課題，
活得十分辛苦。

困擾靈魂的慣習

每個人在青春期前
都會不斷複習前世靈魂的慣習

你在前世非常討厭暴力與紛爭，並且相信「先體諒對方才能換來和平」，因此，無論他人如何粗暴對待你，你也都默不吭聲。只是這麼做，反而讓真正理解你的人愈來愈少，最後，你也逐漸不明白何者才是珍貴重要的事物。

完全喪失自信的你，總是希望他人能替你做出重大決定，因此，你經常被認為想法飄忽不定、個性怠惰、對所有人皆阿諛奉承。而你的心底，卻也累積了大量的「憤怒」。

靈魂後盾

不喜歡我沒關係，只要不討厭我就好！
這樣的你選擇的靈魂後盾是……

若你依舊處在**菜鳥**階段，你仍會在今生極度害怕遭人厭惡。只要他人反對你的意見，你便會立即拋開主見。正因為你缺乏自主決定的自信，所以總是期望他人協助你做出最佳選擇。

這樣的你，是否總是因為周圍充斥著——無論你多麼體貼，**仍希望占盡你便宜、凡事擺爛的人**，又或是因為知道你友善親切，總是**對你頤指氣使、強你所難的人**——而令你不知所措呢？

儘管你在遭人否定後，總是會立即放下主見，但有時，你又會渴望堅持這些理想，因而默默實行。只是，你是否因為這樣的行為容易不小心露餡，或曾經**有人因此莫名其妙動怒**，而讓你逐漸感到失去自由呢？

這正是靈魂的目的！為了改正「總是忽視自己心情，急於討人歡心」的慣習，靈魂特地安排了一群**無需費力去討好**的人出現在你身邊。其實，那些讓你感到討厭的人，正是**與你立下靈魂契約，來幫助你「更重視自己」、「打造自身幸福」的靈魂後盾**。

總有一天，你肯定會因忍耐到了極限而勃然大怒，進而排解前世積累下來的憤怒能量，並因此變得更加重視自己。

有效擺脫靈魂慣習的5句咒語

只有自己能讓自己幸福。

相信直覺，立刻付諸行動。

拒當「濫好人」。

利用獨處的時間栽培自己。

失敗為成功之母。

靈魂成長訓練

諸事不順時，
先別急著依賴他人或自暴自棄。

身為**菜鳥♈**的你，如果渴望奪回自己的力量，就必須定期為自己騰出獨處的時間與空間。

並且，為了完全喚醒這股力量，請務必每天安排時間，依照自己的節奏優先進行意象訓練、技術學習，或個人高強度運動（也請旁人配合你的步調）。

訂好時間後，就把它視為一種訓練，盡可能持之以恆！（即便身為**菜鳥**的你會不小心偷懶好幾天，但只要重新振作起來，肯定能繼續堅持下去。）在這其中，你將會發現，自己竟然擁有如此驚人的潛力！

趕緊試試吧！

向地球扎根的「接地」訓練
——將自己的能量與大地之母連接

【步驟1】

選擇早上起床後、洗澡前或睡前等不會影響其他計畫的時段，雙腳微張與肩同寬，並以輕鬆的姿勢站立。

【步驟2】

輕微抖動全身，也盡可能輕輕地抖動頭、肩膀、雙手與雙腳，同時上下甩動手腕。

【步驟3】

一邊慢慢吐氣，一邊緩和抖動，最後停下。用鼻子輕輕吸一口氣，再用嘴巴細長地吐氣。持續深呼吸，想像氣息在全身上下猛烈流竄。

【步驟4】

把手放在丹田（肚臍下約三指寬處），想像全身的氣皆集中於此。

再想像這股氣隨著吐氣移動至腳底，並在腳底化為一道光，筆直延伸至地球中心的岩漿。

【步驟5】

想像自己的氣與赤紅灼熱的岩漿能量融合後，岩漿的能量隨著吸氣貫穿全身，沿著腳底、尾骨、脊椎骨，最後抵達頭頂。接著，無謂的思想隨著吐氣，沿著脊椎骨、尾骨、腳底傳回地球中心，並與岩漿能量融合。每當這股灼熱的能量在體內流動時，便能淨化全身，讓身心充滿力量。

【步驟6】

想像雙腳透過岩漿的能量與地球中心牢牢連結，同時前後左右緩慢搖晃身體，感受自己的身體穩穩地與地球連接，重心穩定。

【步驟7】

在**感覺自己牢牢地連接著地球**的狀態下，整理今天的待辦事項、思考眼前的難題，或回顧一天。當你感覺自己受他人意見牽制，或即將失去自我時，也可以試著執行此訓練。

接著，留意在這個狀態下突然降臨的靈感，若有可能，請立刻採取行動。

※註……在尚未將這股直覺付諸行動之前，切勿聽取他人的意見。

完美發洩憤怒並立即拋開怒氣訓練
——遠離格格不入的事物

所謂的「憤怒」，並非發脾氣或責備他人。人們「發怒」的目的並不是為了獲得他人的安撫，而是為了保護自己（對方生氣，其實也是在保護自己）。而且，憤怒的情緒裡往往藏有重要的**啟示**，讓你能更加重視自己。

① **明白怒氣的源頭**

怒火中燒或心煩意亂時，請立即離開現場，讓自己深呼吸，**找到自己憤怒的源頭**。最令你憤怒的事情是什麼？為什麼你會如此火冒三丈？你正在煩惱些什麼？你最需要的是什麼？

② **採取重視自己的行動**

- 先著手對自己而言至關重要的事情。
- 向他人坦率且簡明地表達自己的需求與界限。
- 若無法推進事情發展，而你也打算暫時維持現狀，那就置之不理，或果斷拋開憤怒。試著將心中的怒火想像成一顆球，將它拋向宇宙，藉此轉換心情。
- 當自己受不了時，選擇讓對方自行承擔事與願違的後果，或乾脆離開。

痛苦時的自我療癒法

- 透過高強度的運動發洩情緒！
- 吃想吃的美食，好好大睡一場！

今生課題

高手等級 平衡者 ♈

當你完成今生課題後，將會進化為平衡者。不僅能對自己的人生感到心滿意足，也能以真實的模樣與旁人和樂共處。

今生課題完成度檢測表

★經常這樣想，時常這樣做……A（10分）

★偶爾這樣想，有時這樣做……B（5分）

★不太會這樣想，幾乎不這樣做…C（1分）

合計分數＝平衡率（今生課題的完成度）

隨著完成度提升，你將能享受靈魂在靈界預先設定的「稀有物品」、「獎勵」、「派對」或「活動」等。（請參閱第34頁靈魂之路地圖）

0～49%……感覺痛苦多於歡樂，缺乏自由。這是靈魂為了避免你重蹈前世覆轍所做出的設定。

50～89%……即便遭逢不順，也能迎刃而解，並相信這樣的經歷正是在打造美好人生。

90～100%……明白生活中大多數事件對自己有何益處，因此即便艱辛困苦，也能懷抱喜悅。此外，也能自由修正前進的方向，感覺人生自由奔放，總是能心想事成。

檢測表在下一頁！

平衡者♈
今生課題　完成度檢測表

【凡事先自己設法解決】
渴望藉此檢測自身實力，所以遇上困難時，總會感到莫名興奮，大量腎上腺素噴發，因嶄新的大冒險而雀躍不已。

【靈感總能突然降臨】
在混亂迷惘時，總會瞬間降下靈感，指引自己該怎麼做，而且也能立即身體力行，因此所有困難皆能迎刃而解。

【樂於幫助他人】
懂得運用最快速、最簡單的方法確實保護自己，並明白唯有處在安全狀態下，才能迅速而順利地幫助他人。

【說話一針見血】
能清楚、簡潔且坦然地表達自己。儘管有些人會因此對你感到畏懼，卻也有不少人被你表裡如一、誠實率真的人格魅力所吸引。

【能不假思索地好好發洩怒氣】
明白「發怒」是為了守護自己珍視的事物。此外，也因能迅速轉換心情，而得以快速脫離情緒低谷，拓展人生。

【不寵溺自己與他人】
能果斷拒絕他人的過度依賴，也避免自己依賴他人。你明白唯有相信自己的力量，才能在面對難關時，不假思索地憑一己之力披荊斬棘。

【明白真正的敵人是自己】
你清楚真正的敵人不是別人，而是那個敗給不安的「自己」。因此，總能與他人良性競爭，進而有效激發彼此的才華。

【不在意外界的流言蜚語】
你打算憑藉自身的能力、好運與志氣來跨越所有阻礙，所以能夠無視旁人的閒言閒語。如此雄心壯志所締造的成果，往往令人刮目相看。

【能視危機為轉機】
你明白困境往往藏有契機，而且危機正是能夠發揮潛力的絕佳機會，因此總能化危機為轉機，成為一名英雄／女英雄。

【能在短時間內高度集中注意力，完成短期目標】
你擁有引以為傲的爆發力，得以用最快的速度完成短期目標。因此，也習慣將長期目標切分為多個短期目標，分階段衝刺，在休息時徹底放鬆。

合計分數
（平衡率）　　%

今生課題 導師等級

和諧大師 ♈

歷經好幾世不斷修習此課題，將能進化為和諧大師，晉升為眾人的導師。此時，你將會認為，為人類與地球生命付出，比為個人目的而行動更具意義。

帶領人類與地球加速揚升

已經完全拋棄「不安」與「恐懼」的**和諧大師♈**，能夠成為世人的導師，並自由融合內心的——

「偕同」與「獨立」
「付出」與「獲得」
「和諧」與「衝突」
「柔軟」與「堅強」
「他人」與「自我」

這兩股能量，進而孕育出煥然一新的力量，加速地球整體的揚升。

此外，你也能幫助投胎至地球的靈魂眾生提升力量與頻率，有力地推動人類進化，並加速地球的揚升。

龍頭　金牛座

前世

你在前世一直反覆執行這些事！

因過度付出而失去自我

為了幫助有權人士奪得成功，犧牲自己的一切

你在眾多前世裡，總是為了幫助他人出人頭地、迎向幸福，而犧牲自己的一切，以換取生活的保障。你跨越重重阻礙，只是為了充分理解對方的喜好，實現對方的一切願景。

然而，回過神來，你才發現自己完全忽略了個人期望與理念，凡事都以對方為優先，逐漸失去自身的風采。

你無法化解心中因空虛而引發的憤怒。

【你在前世可能是這樣的人】

有權人士的御用薩滿／皇帝的宰相或小妾／有權人士的專屬占卜師或神職人員（顧問）／間諜、忍者／權勢者的御用娼妓／黑手黨的參謀／政治家的能幹祕書／藝術家或偶像的全能經紀人／公司董事身邊犧牲奉獻的妻妾

經歷太多，靈魂已經受夠了！

——靈魂的心聲

我在前世總是為了**「與靈魂伴侶和諧共處」**，而努力討對方歡心，並不停告訴自己：「必須幫助這個人」、「只要這個人待在我身邊，全世界與我為敵也無所謂」、「我為他如此犧牲奉獻，他絕對會重視我直到永遠」。

於是，我披荊斬棘、擊倒競爭對手、幫助對方出人頭地、配合對方的喜好、預設對方的期望，並極力討好對方。只要是為了他，我赴湯蹈火，在所不惜。

即便遺失夢想與喜好也無所謂！我如此犧牲奉獻，對方絕對逃不出我的手掌心！

就算現在有人告訴我可以隨心所欲，我也完全不明白自己喜歡什麼，難道這樣還不夠嗎？

討厭的事情

被蒙在鼓裡、遭人欺騙、人們內心隱藏的惡意、被信任的人背叛。

嘴上聲稱：「每個人都有優缺點，而我願意接納你的一切，包含你內心那深不可測的一面。所以，我希望你也能接納我的全部，包含我內心那高深莫測的一面。」但其實，我最害怕的，就是自己那一面（笑）。

老實說，我才沒有勇氣把那一面展現給別人看。內心的黑暗時常讓我鑽牛角尖，甚至想突然毀滅一切！

而且，我最討厭自己**「只顧慮別人」**了！

跳脫前世的無限輪迴吧！

——這些慣習會阻礙你的揚升！

「如果無法持續獲得他人的認同就完蛋了！」……在眾多前世裡，你只要遭有權人士拋棄，人生便會一落千丈，甚至迎向死亡。

「無法信任任何人」……世間充滿謀劃、交易與背叛，導致過往的你無法信任任何人（包含自己）。

「做不好就糟了」……你過往的人生時常因掌權者的心情起伏而在天堂與地獄之間徘徊，心靈無法真正休息。

「必須做好萬全準備」……你過去深信，若不預設並防範各種危機，就會陷入災難，因此凡事總做九成準備。

龍頭 金牛座

靈界

你的靈魂在和眾多聰明前輩討論後，決定選擇這張藍圖！

撼動感官 享受地球的豐盛

※請參閱「靈魂之路地圖」（第32頁至第35頁）

先精進前世擅長的技能吧！

你對於

「發掘潛能的能力」

十分出色！

你既然覺得自己擁有這項潛能，也期望能善加發揮，那麼，何不實際付諸行動呢？只要你願意活用這份能力，眾人肯定都會予以協助！

總是能這樣發掘他人潛能的你，幫助他人羽化重生的才能可說是一流！你在眾多前世裡，總是運用這份能力，昇華靈魂伴侶的才能與人生。同時，你也為靈魂皆為一體的人類，所共同執行的宇宙計畫做出了貢獻。

也正因為如此，你不能一肩扛起所有責任，否則反而會讓對方的能力逐漸退化。

你此生的任務，就是**告訴對方隱藏的潛能，並幫助對方實際發揮出來**。儘管過程可能耗時費力，但只要督促每個人**「盡好份內之事」**，就能讓每個人真正大放異彩，並建立穩固的人生基礎。

靈魂的今生目標清單

——在接下來的人生裡，
你將會開闢哪些「嶄新的自我」呢？

- 不受他人影響，堅持某項目標。
- 一點一滴思索自己真正喜歡的是什麼。
- 打從心底感到心滿意足。
- 體驗感官的歡愉。
- 拋開時間的束縛，專心完成一件事。
- 運用自己獨特的力量打造人生的基礎。
- 按照自己的步調慢活人生。
- 體驗「不勉強自己、任性妄為」的滋味。
- 學習掌握物質與金錢的能量。
- 連結大自然，逍遙度日。

此生決定要進化成這副模樣！

- 自己滿足自己！
- 慢條斯理、放鬆悠閒地逐步前行！
- 享受感官的愉悅！
- 學會運用物質（包含金錢）與時間的能量！
- 利用自身力量打造人生基礎，享受豐盛！
- 與自然與地球的能量合而為一！
- 透過快樂與否確認自身的核心！

來自宇宙的訊息

你為了「與特定人士的靈魂和諧共處」，好一同打造宇宙，經歷了許多場人生。然而，對方始終無法帶給你幸福。即便你深感絕望，在往後的眾多人生裡，你仍堅決不放棄這段特別的情緣。

現今，你所感受到的靈魂羈絆與奇緣，全都是你累世努力的成果。因此，接下來，輪到你以此為基礎，滿足你自己了！

我非常期待你靈魂豐盛而飽滿的揚升。

金牛座　龍頭

今生

今生課題（挑戰）
喚醒沉睡自我的
通關密語

利用感官享受真正的「豐盛」

擁有身體太棒了！利用感官認識地球獨有的一切豐盛，並好好滿足自己吧！

為「自己」打造幸福……確實滿足自己的需求。

爽快收下所有「饋贈」……盡情接受來自宇宙（而非他人）的豐富恩惠。

體驗穩扎穩打累積的力量……花時間細心打造豐盛的基礎。

明白「物質」與「金錢」的優點……領略物質所蘊含的能量，並藉此穩定現狀。

總是習慣用「對方的感受」來描繪世界的你，較缺乏對「自身感覺」的理解，因此，你的靈魂設計了一道機制，讓你在遭逢批判或輕蔑時，會陷入強烈的低潮、焦慮與恐慌。

此時，正是把注意力拉回自己身上的大好時機。請為自己注入能量，反思：「對自己而言重要的事物是什麼？」「現階段最需要的是什麼？」

此生的你，必須花時間，慢條斯理地累積自己的經驗，才能獲得自信。你的靈魂藍圖正是計畫讓你在此生運用敏銳的「感官」，去體會對你而言真正重要的感受，並透過肉體享受地球的一切豐盛。

那些步入人生低谷的人，在看到這樣的你之後，也會認真學習體會自身的豐盛。

今生課題
新手等級
菜鳥 ♉

菜鳥仍深受前世影響，並且尚未明白今生課題，活得十分辛苦。

困擾靈魂的慣習

每個人在青春期前都會不斷複習前世靈魂的慣習

你在前世總是相信：「只要全力支持、攜手守護某位特定人士，對方絕對會帶給我幸福，以示回報。」因此，你總是為了某個人盡心盡力，並為此熬過無數風雨。時常身陷不安與危險的你，即使早已設想所有可能發生的危機，心靈依舊無法獲得平靜。於是，有些人會認為你「性格雙面」、「個性陰沉」、「可能是潛在的可怕敵人」。

最終，信任的人開始討厭、拋棄你……回過神來，才發現自己早已失魂落魄。失去自信的你愈是揚言要復仇，就愈是壓抑心底「強烈的寂寞」。

靈魂後盾

為了獲得他人堅定不移的信任，你總是盡心盡力！這樣的你選擇的靈魂後盾是……

若你依舊處在**菜鳥**階段，你仍會在此生極度害怕遭人背叛，而過度警戒他人。你一旦認定某個人，就會竭盡心力為他付出、獻殷勤，並花費大量時間防止他背叛你。然而，即使如此全力以赴，你仍會覺得此生毫無所獲。

你是否覺得自己**被理所當然地利用，甚至得不到感謝**，內心愈來愈空虛，卻還要壓抑心中翻湧的怒火？

由於無法信任自己、總是渴求他人肯定的你，是否也常覺得**深受他人情緒影響**，使得自己能量不斷流失呢？

這正是靈魂的目的！為了改正「拋頭顱灑熱血，以獲得他人認可」的慣習，靈魂匯集了一票**不值得你犧牲奉獻的人**。其實，你身邊那些令你厭煩的人，正是**和你立下靈魂契約，來幫助你「認清自身的豐盛」、「決定為自身幸福努力」的靈魂後盾**。

在這過程中，你將學會開始愛自己，因為你會發現——如果不先自己肯定自己，就永遠無法真正安心。

有效擺脫靈魂慣習的5句咒語

愉悅是豐盛的訊號。

不疾不徐，一步步品味人生。

從大自然接收能量，同時賦予大自然力量。

先滿足自己的感官。

找尋每件事裡值得感恩的地方。

靈魂成長訓練

諸事不順時，
先別急著為難他人或破壞關係。

身為**菜鳥♉**的你，必須實際體驗自身的豐盛。

你只需要準備一筆「**可以自由花費的金錢**」（不需要太多，透過做家事或居家工作賺取也行），以及每天騰出1～2小時，享有能夠無視他人、「**好好滿足自己的時間**」。你最渴望在地球享受的一件事，就是透過「欣賞」、「聆聽」、「嗅聞」、「品嘗」、「感受」，來領略大自然的豐盛。只要能自由地將自己賺來的金錢用在這些事物上，身為菜鳥♉的你將能重獲自信與喜悅。最後，當你能夠頻繁與大自然交流能量時，就再也不需要諂媚或配合他人。

趕緊試試吧！

深度滋養「感官」的自我滿足訓練
——享受只為自己打造的、真正的滋養時光

【步驟1】
閱讀下表中的感官滿足活動範例後，新增幾項你能力所及，或渴望嘗試的活動。

【步驟2】
實際進行這些活動。

【步驟3】
在從事活動的過程中，思考這項活動對你而言有何意義。

（例）欣賞喜歡的戲劇……**重新確認自身喜好**
唱歌……**發洩壓力**
點香氛蠟燭……**感受自身的優雅與豐盛**
食用當季食材……**照顧身體健康**
泡澡……**找回自己的步調**

滿足自我感官訓練

用眼睛欣賞（視覺）	用耳朵聆聽（聽覺）	用鼻子嗅聞（嗅覺）	用舌頭品嘗（味覺）	用肌膚感受（觸覺）
・欣賞美麗的風景 ・欣賞喜歡的照片或畫作 ・欣賞寵物或家人的照片 ・欣賞美好的人事物 ・欣賞喜愛的顏色	・聆聽喜歡的音樂 ・聆聽大自然的聲音 ・聆聽鳥鳴 ・聆聽讓人放鬆的聲音或歌曲 ・收聽舒緩頻率	・使用香氛（建議使用精油，而非人工香精） ・燒天然藥草 ・享受森林浴、花香 ・嗅聞喜歡的料理香氣	・品嘗喜歡的料理與美食（身體渴望攝取的食物） ・享用當季料理 ・品嚐珍稀食材 ・嘗試新的調味方式	・泡澡（溫水／熱水） ・接觸質感舒適的物品 ・按摩、整骨、美容、擁抱 ・使用舒適的寢具睡覺
・什麼也不看（閉眼）	・待在安靜的空間裡（讓耳朵休息）	・清洗鼻腔（讓嗅覺休息）	・斷食（讓味覺休息）	・穿著柔軟、材質天然的衣物（呵護肌膚）

【步驟4】

用另外一張紙記下每件事對你而言的意義。

※註……這張清單代表你身心靈渴望被滿足，卻尚未被滿足的部分。

【步驟5】

根據步驟4列出的各項「意義」（也就是「尚未被滿足的部分」），進一步延伸其他活動，並將這些活動加入活動列表中。

（例）**重新確認自身喜好**……自行挑選想在家中播放的曲目

宣洩壓力……爬山（聆聽大自然的聲音）

感受自身的優雅與豐盛……準備一頓比平時更奢華的晚餐

照顧身體健康……泡溫泉

找回自己的步調……比平常早些就寢

【步驟6】

告訴親朋好友這份清單上的活動對你有多重要，並請他們尊重你需要這些時間（不要因為要配合對方而取消或更改活動時間）。

※註……請勿在意他人對這件事的閒言閒語。

「感恩日記」訓練
——實際感受自己的「豐盛」

懷抱「感恩」之心，在筆記本上寫下你現在擁有的「一切」（包含物品、人脈、機緣、能力等任何有形或無形的事物）。

痛苦時的自我療癒法

- 透過「眼、耳、鼻、舌、身」盡情享受幸福。
- 感受大自然豐富的能量，優雅且閒適地生活。

今生課題
高手等級 平衡者 ♉

當你完成今生課題後，將會進化為平衡者。不僅能對自己的人生感到心滿意足，也能以真實的模樣與旁人和樂共處。

今生課題完成度檢測表

★經常這樣想，時常這樣做……A（10分）
★偶爾這樣想，有時這樣做……B（5分）
★不太會這樣想，幾乎不這樣做…C（1分）

合計分數＝平衡率（今生課題的完成度）

隨著完成度提升，你將能享受靈魂在靈界預先設定的「稀有物品」、「獎勵」、「派對」或「活動」等。（請參閱第34頁靈魂之路地圖）

0～49％……感覺痛苦多於歡樂，缺乏自由。這是靈魂為了避免你重蹈前世覆轍所做出的設定。

50～89％……即便遭逢不順，也能迎刃而解，並相信這樣的經歷正是在打造美好人生。

90～100％……明白生活中大多數事件對自己有何益處，因此即便艱辛困苦，也能懷抱喜悅。此外，也能自由修正前進的方向，感覺人生自由奔放，總是能心想事成。

← 檢測表在下一頁！

☊ ♉

平衡者 ♉
今生課題　完成度檢測表

【能自在做自己】
能毫不猶豫地滿足自己，時常感到心滿意足。明白唯有先滿足自己，才能運用剩餘的資源和力量去滿足他人。

【確實依循自己的步伐前進】
明白每個人都有自己的時區，也知道現在的自己正一點一滴累積、打造穩固的基礎，因此心志堅定，從不感到焦急。

【不受旁人情緒影響】
沒有依賴他人的需求，所以無須看人臉色，也不必在意他人的看法。

【能夠重視每個人的價值】
能清楚辨識並優先看重自己在意的事情，同時也能理解並尊重他人所重視的價值與觀點。

【能夠安靜在一旁守護心愛之人】
明白每個人都有打造自己幸福的能力，因此無需插手他人的大小事。

【能夠活用物質】
擅長運用物品、金錢等物質工具來安定現況、穩定心情。

【不受他人擺布】
能從物質與金錢中提煉出愛與安定的能量，也能從大自然中汲取療癒的力量，因此不會試圖控制他人，也不會受人擺布。

【運用感官享受豐盛】
感官十分靈敏，因此能盡情享受唯有肉身才能體會的深刻歡愉，滿足內心，迎向豐盛。

【把從容優雅的時光當作助力】
願意花時間靜心等待萬事萬物的變化，不以貌取人，也不憑一時的膚淺印象妄下結論。

【常懷感恩的心】
即便身處艱難困境之中，也能從中發掘與感受「豐富的恩惠」，從心底湧現感恩之情。

合計分數
（平衡率）　　%

今生課題

導師等級

和諧大師♉

歷經好幾世不斷修習此課題，
將能進化為和諧大師，晉升為眾人的導師。
此時，你將會認為，為人類與地球生命付出，
比為個人目的而行動更具意義。

帶領人類體會真正的豐盛

已經完全拋棄「不安」與「恐懼」的**和諧大師♉**，能夠成為世人的導師，並自由融合內心的——

「變化」與「安定」
「破壞」與「建立」
「激烈」與「穩定」
「融合」與「分離」
「匱乏」與「豐盛」

這兩股能量，進而孕育出煥然一新的能量，與地球緊密融合為一體。

此外，你也能幫助投胎至地球的靈魂眾生奠定基礎，運用物質與精神的能量，傳遞宇宙的真心祝福。

龍頭 雙子座

前世

你在前世一直反覆執行這些事！

因過度覺醒而孤單寂寞

全力追求偉大真理，最終卻無法向他人傳遞自身領悟的智慧

你在眾多前世裡，總是為了追求有益人類的偉大真理與智慧，投身於研究、修行與獨自旅行，逐漸與社會脫節。

在與大自然、宇宙及神靈連結後大澈大悟的你，最終卻沒有可以交心的朋友。回過神來，才發現自己竟然孤獨一人。

好不容易獲得了崇高智慧，卻無用武之地、無人可分享，只能度過寂寞空虛的人生。

從宇宙真理的角度來看，一切都有意義！
人類還真是麻煩⋯

【你在前世可能是這樣的人】

埋首於鍊金術的神祕主義者／在深山修行有成的仙人／為尋求崇高教誨而周遊世界的修士／擁有深沉智慧的宗教家／奉獻生涯專精研究某領域的學者／終生窩在書房的小說家／探訪世界祕境的冒險家／拋棄人世，隱居偏鄉的智者／在叢林與野獸交流生活的野人

經歷太多，靈魂已經受夠了！
——靈魂的心聲

我在前世總是努力「遠離世俗」，以打造**「懷有偉大智慧的高等世界」**。

然而，不停告誡自己「必須掙脫世俗的枷鎖」、「真相只有一個，切忌被旁人的話語給蠱惑」、「真正的智慧只存在於自己心中」的我，因為總是埋首於智慧與真理的追求，導致愈來愈少合得來的朋友。

好不容易獲得智慧，不傳遞出去實在太可惜了，但沒有人能心領神會！

儘管眾人都請我用更簡單明瞭的方式表達，但我更希望大家能成熟到足以理解我說的話呀！哎呀！人類真是麻煩！

討厭的事情

失去自由、受人指使、被迫投入毫無興趣的事情、說謊。

嘴上聲稱：「人類只要群體行動就會變得綁手綁腳，麻煩至極，放彼此自由不好嗎？」但又覺得太過放飛自我，身旁就會沒朋友（笑）

而且老實說，沒有人能理解這有益眾人的智慧，實在是太令我錯愕了……

我最討厭這個無法被理解、**身陷囹圄的自己**了！

跳脫前世的無限輪迴吧！
——這些慣習會阻礙你的揚升！

「討厭束縛」……你在眾多前世裡逐漸疏遠人群，即便只是短暫的交流都令你備感壓力。

「遭人看扁」……過往的你擁有高人一等的知識與智慧，因此自尊心非常強。

「認為真相永遠只有一個」……過往的你由於被弟子包圍，所以總是閉門不出，久而久之，所信的真相便成了心中絕對的真理。

「不希望和世俗同流合汙」……過往的你只崇尚至高的「真理」，認為平凡的生活是種「汙穢」。

龍頭　雙子座

靈界

你的靈魂在和眾多聰明前輩討論後，決定選擇這張藍圖！

提升溝通能力 快樂收集資訊

※請參閱「靈魂之路地圖」（第32頁至第35頁）

先精進前世擅長的技能吧！

你對於

「看穿真相的能力」

十分出色！

無論你多麼會說話，
或是再怎麼用華麗的外表包裝，
從天而降的「直覺」
都會告訴我真相。

總是能像這樣聽見上天的聲音，著眼「事實」的你，看穿事物真相的能力簡直一流，完全不會被表象給迷惑！你在眾多前世裡，總是運用這份能力，發現許多人們早已遺忘的寶貴「智慧」。

不過，無論你擁有多麼珍貴的智慧，如果無法讓眾人領會，終究只是枉然。

因此，請在此生善加培養優秀的溝通能力，因應每個人調整說話方式，竭己所能地分享眾人早已遺忘的**「真相」**與**「智慧」**，運用自己的能力幫助現實社會！

靈魂的今生目標清單

——在接下來的人生裡，你將會開闢哪些「嶄新自我」呢？

- 「粗淺地」、「廣泛地」、「適度地」、「逐一地」嘗試各種事情，盡可能累積各種體驗。
- 習慣了平凡的生活，所以渴望認識更多人、積攢更多經驗。
- 比起一蹴即成，更渴望繞道而行，並在途中分享自身經歷。
- 在無法理解時，盡可能提出問題。
- 認真聆聽並反覆確認他人的話語，以免引發誤會。
- 試著以「簡單」、「有趣」的方式表達想法。
- 學習各種溝通方法，並配合對方選擇合適的表達方式。
- 學會迎合當下氛圍這項優秀技能。
- 明白每個人內心的「真相」皆不盡相同。
- 實際體會歡笑這股唾手可得的能量。

此生決定要進化成這副模樣！

- 有許多想做的事，任何事都想嘗試看看！
- 滿懷好奇心，並認識各式各樣的人！
- 無論如何都要不斷體驗新事物！
- 享受各種矛盾！
- 試著建立一套方法，向他人清楚表達想法！
- 透過提問收集各式各樣的資訊，而非一味地分享！
- 用笑容拯救世界！

來自宇宙的訊息

你為了追求「有益人類的真理與智慧」，經歷了許多場人生。不過，人們不僅不懂你，也無法明白這些事物的價值。即便你深表哀嘆，你在往後的眾多人生裡，也堅決不放棄探究真理。

現今，你內心所有高超的智慧，都是你累世的成果。因此，接下來，是你以此為基礎，去結識更多人，向更多人傳遞智慧的時候了！

我非常期待你靈魂輕快的揚升。

龍頭 Ⅱ 雙子座

今生

今生課題（挑戰）

喚醒沉睡自我的通關密語

找回「與萬物的連結」

這世界竟然充滿未知！
透過與眾人交流，認識不同的自己吧！

和「各式各樣的人交流」……和今生遇見的每個人交換資訊。

增加「各式各樣的經驗」……透過一次次的小嘗試，找出更多與他人的共通點。

遇見「不同的自己」……發掘更多未知的自我。

學習「溝通」與「議論」……學習掌握這兩股難以招架的能量。

光是想到這世界每個人都不盡相同就感到筋疲力盡的你，只要與人共處，便會「渴望逃跑」。

因此，你的靈魂設計了一套機制，讓你偏偏在這種時候燃起興致、情緒振奮。請務必帶著這股「雖然想逃，但渴望了解」的心態，「適度地」、「適切地」、「放鬆地」與他人交流。

你的靈魂藍圖正是為了讓你在此生認識形形色色的人，藉由體驗各種事物來累積經驗，學會各種表達方法，而不是像前世那樣躲藏起來、一個人埋頭苦幹。

多虧這道機制，你將能輕鬆接觸各類型的人，並引導每個人在生活中運用沉眠於內心深處的崇高智慧。

今生課題

新手等級

菜鳥 Ⅱ

菜鳥仍深受前世影響，並且尚未明白今生課題，活得十分辛苦。

困擾靈魂的慣習

每個人在青春期前都會不斷複習前世靈魂的慣習

你在前世只與大自然、宇宙及神靈交流，相信「若要鍛鍊靈魂，就必須遠離人群與塵囂」，因此選擇遁世隱居，孤獨地生活。最終，儘管你頓悟到——若真理與智慧無法幫助眾人，便會失去意義——卻因為長時間獨處，無法讓人理解你所說的話。導致有些人會認為你「難以理解」、「太有主見」、「自以為是」，而你心底則懷抱著極其強烈的「空虛」。

靈魂後盾

害怕束縛的你總是隻身一人。這樣的你選擇的靈魂後盾是……

若你依舊處在**菜鳥**階段，此生的你仍會因過度害怕失去自由，而嚮往逃離人群。只要心情稍微低落，就會渴望臨陣脫逃。

這樣的你所到之處，是否總是充斥著**與你意見完全相左，或者生活方式截然不同的人**，讓你更加渴望獨處，最終陷入**難以言喻的孤獨**，逐漸失去對生活的感受與意義呢？

此外，你是否也總以為每個人都和你一樣重視事實的價值，結果**在下意識道出真相時，傷害了他人，引發爭執，或與對方漸行漸遠**……，反而讓你愈來愈感到壓抑與受限？

這正是靈魂的目的！為了改正「渴望躲避人群」的慣習，最有效的方式就是尋求其他靈魂的協助，請他們引領你認知磨練溝通能力的重要性。其實，你身邊那些討厭的人，都是**和你立下靈魂契約，來幫助你學習「與各種人溝通」，並明白「與人交流的喜悅」的靈魂後盾**。

在這之中，你將會學習與人交流的方法及溝通技巧，並療癒前世累積至今的空虛。

有效擺脫靈魂慣習的5句咒語

所有相遇和經歷都是在幫助宇宙收集資料。
從他人的故事中學習，而非一味追求真理。
一點一滴地「嘗試」各種事情。
粗淺且廣泛地嘗試，避免過度鑽牛角尖。
配合他人的步調，才能幫助彼此互相理解。

靈魂成長訓練

諸事不順時，
先別急著臨陣脫逃。

身為**菜鳥Ⅱ**的你，此生的課題就是要收集廣泛的雜學知識，而非專注於鑽研單一學問。因此，你必須結識形形色色的人，累積各式各樣的體驗。

為了避免菜鳥時期總渴望獨處、打破沙鍋問到底，你必須做好「淺嘗」各種事物的心理準備。

在你嘗試之後，務必將自己微薄的經驗上傳至社群網站或部落格，或以吸引人的方式分享情報。如此一來，你將有機會與眾人交流，並收集各種反應。

你可以同時參與多項體驗，當察覺注意力轉向其他事物時，就代表你已準備好邁向下一階段。在這過程中，你將意外發現自己如此機靈又有才！

趕緊試試吧！

發布社群貼文訓練
——創建分享自身經驗的社群網站

【步驟1】
搜尋各式各樣的活動，選擇能夠輕鬆參與的短期活動。

【步驟2】
抱著「參加後要向有興趣的友人介紹」的心情，記錄活動內容、參與人員的模樣，以及你的獨家心得。

【步驟3】
將紀錄轉化為貼文格式，以便回家後發布至社群網站或部落格。

【步驟4】
想像自己是友人，重新閱讀一次貼文，將其簡化為易懂的文章。

【步驟5】
想像自己是陌生人，再重新閱讀一次貼文，將其精煉為有趣的文章。

【步驟6】
上傳貼文，查看眾人的反應，同時找尋下一場活動。

以輕鬆的心情參加活動後，重複步驟2至步驟5，藉此養成定期發布貼文的習慣。如此一來，你將能透過分享獨一無二的資訊來打造有趣的社群檔案。

採訪訓練
——理解不同的價值觀及應對人群的方法

決定**「今日問題」**，並詢問每位今天相遇的人。
（例）推薦的○○、昨天最○○的事情、對◇◇的看法、今日熱衷的事情

不過，**別發表自己的意見，而是運用以下語句引導對方表達想法。**

附和語「原來如此」「是這樣啊」「好厲害」「嗯嗯」「咦?」「真的嗎?」「欸~」

問句「怎麼會?」「什麼時候?」「在哪裡?」「為什麼?」「怎麼說?」

換言之「也就是~,對吧?」「簡單講,就是~對吧?」「是指~嗎?」等等

接著,向眾人分享最多人提及的言論與推薦的資訊(但不必說明消息來源)。當你開始擅長提問後,將能引領每個人主動推進話題,自然而然地汲取人脈與資訊。

變身訓練
——發掘不同的自我面向

【步驟1】

決定**「今天的樣貌」**,並依照這個模樣過一天。

(例)運動風、上流社會風、領導人物風、知性人物風、搞笑風、正經風、祕書風、藝術風等

試著根據自己選擇的樣貌,改變服裝、隨身物品、用字遣詞、態度、行為舉止、思想及選擇。

【步驟2】

試著找出每種樣貌的「好壞」。

實際嘗試後,你將會發現「令人嚮往的模樣(好)」也會有令人厭煩的一面(壞),而「習慣迴避的模樣(壞)」也可能隱含優點(好)。如此一來,便能拓展視野。

痛苦時的自我療癒法

- 在時髦的咖啡廳,一邊聽音樂,一邊寫日記抒發心聲。
- 騰出一段時間,投入簡單的遊戲(拼圖、卡牌遊戲等)。

今生課題

高手等級 平衡者 Ⅱ

當你完成今生課題後，將會進化為平衡者。不僅能對自己的人生感到心滿意足，也能以真實的模樣與旁人和樂共處。

今生課題完成度檢測表

★經常這樣想，時常這樣做……A（10分）
★偶爾這樣想，有時這樣做……B（5分）
★不太會這樣想，幾乎不這樣做…C（1分）

合計分數＝平衡率（今生課題的完成度）

隨著完成度提升，你將能享受靈魂在靈界預先設定的「稀有物品」、「獎勵」、「派對」或「活動」等。（請參閱第34頁靈魂之路地圖）

0～49%……感覺痛苦多於歡樂，缺乏自由。這是靈魂為了避免你重蹈前世覆轍所做出的設定。

50～89%……即便遭逢不順，也能迎刃而解，並相信這樣的經歷止是在打造美好人生。

90～100%……明白生活中大多數事件對自己有何益處，因此即便艱辛困苦，也能懷抱喜悅。此外，也能自由修正前進的方向，感覺人生自由奔放，總是能心想事成。

檢測表在下一頁！

平衡者 Ⅱ
今生課題　完成度檢測表

【能與任何人交流】
能透過輕鬆的雜談廣結善緣，並從中汲取各式各樣的資訊。 ☐

【對任何事情皆抱有興趣】
對所有事情都滿懷強烈的好奇心，無論對方是誰、主題為何，腦中都能蹦出許多疑問。 ☐

【能粗淺、廣泛、適度、適當地累積體驗】
願意帶著「凡事嘗試看看」的心態前進，以結識更多人、累積更多經驗，甚至可以同時體驗許多事！ ☐

【能依循當下的氛圍靈活變通】
擁有一種即使反覆無常也能被接納的變通能力，並能透過各種經驗，從形形色色的人身上慢慢學習各式各樣的解決方法。 ☐

【明白說話的藝術】
能用淺顯易懂的方式說明困難的道理、用有趣的方式描述簡單的事情，並靈活運用似是而非的說法巧妙發言。 ☐

【允許矛盾的心情存在】
明白每個人心中肯定都存在「各式各樣的矛盾心情」，因此能讓自己與他人都接納這樣的「真實姿態」。 ☐

【保持輕盈的步調】
能夠敏捷地說話、思考及行動，還能配合對方自由調整節奏，甚至可以同時處理許多事。 ☐

【善於捕捉流行趨勢】
即使不刻意追逐流行，也能自然而然明白眾人喜歡的事物，隨時掌握流行趨勢。 ☐

【做事有要領，效率高】
在面對一件事情時，能自然抓出重點，瞬間分辨出必要與不必要的舉動，做出完美應對。 ☐

【能用笑容拯救世界】
無論面臨多麼嚴重的情形，都能召喚歡樂之神降臨，緩和當下的氛圍。氣氛緩和後，腦中自然能浮現好點子。 ☐

合計分數（平衡率）　　　%

Ⅱ

今生課題 導師等級

和諧大師 ♊

歷經好幾世不斷修習此課題，將能進化為和諧大師，晉升為眾人的導師。此時，你將會認為，為人類與地球生命付出，比為個人目的而行動更具意義。

提升人類的溝通層次

已經完全拋棄「不安」與「恐懼」的**和諧大師♊**，能夠成為世人的導師，並且由融合內心的——

「自由」與「交集」
「真相」與「矛盾」
「未來」與「現在」
「靈感」與「思考」
「擴張」與「統一」

這兩股能量，進而孕育出煥然一新的力量，升級地球上多采多姿的資訊網絡。

此外，你也能教導投胎至地球的靈魂們宇宙的語言，帶領他們跨越因差異所築起的藩籬，彼此理解。

龍頭 巨蟹座

前世

你在前世一直反覆執行這些事！

因背負過多責任而內心枯竭

因背負回應眾人期待的重責大任，而漸漸藏起內心的情緒

你在眾多前世裡，總是為了守護眾人的生活，而努力肩負重責大任，恪守嚴謹紀律。

正因為每個人都懷有恐慌情緒，你便不斷勉強自己吞下脆弱與埋怨，不依賴任何人。結果，反而因為過度背負周遭的期待，強迫自己化身為「能平心靜氣面對一切的智者」，最終導致內心乾涸枯竭。

最終，你隱藏起「所有情緒」，變得裹足不前。

為了大家，我必須盡忠職守。
希望大家有天能看見我的好。

【你在前世可能是這樣的人】

大型部落的酋長／大型村莊或城鎮的首領／在紀律嚴明的修道院裡服務的院長／浩大軍隊的領袖／名門望族或傳統技藝的繼承人／大型組織的負責人／大型公司的社長或重要幹部／政治家／疏忽家庭的工作狂

經歷太多，靈魂已經受夠了！

——靈魂的心聲

我在前世總是為了打造**「穩固、安定且安全的社會」**，而隱藏起自身情感，默默努力。

然而，我不斷告誡自己：「依賴代表脆弱，溫柔乃是劇毒」、「得不到尊重，將無法在社會上生存」、「心情絕非大問題」，結果卻在長期的忍氣吞聲下，漸漸認不清自己的「情緒」。

大家總是理所當然地對我提出要求，但不管我再怎麼盡心盡力，眾人依舊怨聲載道！我就像是一張用過即丟的衛生紙！

雖然大家總說：「沒有人像你一樣強大又有才」，但我還是覺得好煩躁！

弱小無能的人憑什麼可以更幸福！

討厭的事情

失敗、推卸責任、欠缺常識、依賴他人、做白日夢、浪費、信口開河。

嘴上雖然說著：「我們必須重視自己的心情，但如果凡事都優先考量情緒，永遠也解決不了問題啊！」卻還是無法消解內心的煩躁與鬱悶。

老實說，努力付出這麼多卻毫無回報，怎麼可能受得了！

哎呀！我最討厭自己這顆**「脆弱的心」**，總是思考著毫無意義的事情！

跳脫前世的無限輪迴吧！

——這些慣習會阻礙你的揚升！

「認為自己毫無貢獻，沒有歸屬之地」……你在眾多前世裡，只要無法造福眾人，就會遭到流放。

「把所有過錯攬在自己身上」……過去的你總一肩扛起所有責任，讓他人缺乏責任感，並將過失全推卸給你。

「不願麻煩他人」……過過往的你習慣讓旁人不斷麻煩自己，卻無法依賴他人來滿足自身需求。

「無法依賴他人」……過往的你一旦吐露真心與弱點，就會被他人抓住把柄，因此堅決不依賴任何人。

龍頭　巨蟹座

靈界

你的靈魂在和眾多聰明前輩討論後，決定選擇這張藍圖！

和親朋好友交流情感 收穫滿滿小確幸

※請參閱「靈魂之路地圖」（第32頁至第35頁）

先精進前世擅長的技能吧！

你對於

「使命必達的能力」

十分出色！

只要緊盯著
崇高的目標持續前進，
總有一天，
時間一定會引領你抵達目的地。

總是這樣不眠不休、持續前進的你，使命必達的能力簡直一流！你在眾多前世裡，總是運用這份能力，引領人類穩定地進步，同時安定眾人的心。

不過，老是忽略自身的心情，往往難以察覺「屬於自己的幸福」。

因此，請在今生學會向眾人分享**「自身感受」**，並**「和他人同心協力達成目標」**。如此一來，你將能與他人共享成功的幸福，不再因「只有自己默默耕耘」而感到痛苦。

靈魂的今生目標清單

——在接下來的人生裡，你將會開闢哪些「嶄新自我」呢？

- 明白分享真心能締結溫暖的繫絆。
- 只與能理解自己真實情緒的人往來。
- 將心比心對待深陷痛苦的人。
- 把情緒視為「與感受相關的資訊」，並加以活用。
- 透過表達情緒來「淨化心靈」。
- 享受理所當然的小確幸。
- 明白做自己的感覺。
- 發現療癒他人也能療癒自己！
- 打造自己的「家（歸屬之地）」。
- 體會栽培自己與他人的樂趣。

此生決定要進化成這副模樣！

- 因眼前的小確幸而心滿意足！
- 接納每個人的脆弱、心聲與真實模樣！
- 理解他人的心情與心路歷程，而非僅僅解決問題！
- 放輕鬆做「真實的自己」！
- 認真體會各式各樣的情緒，共感他人！
- 溫柔栽培他人，引領他人獨步江湖！
- 避免一肩擔起所有責任，學會與他人互相依靠與互補！

來自宇宙的訊息

你為了守護「安定的社會」，經歷了許多場人生。不過，人們並沒有因此展現柔情，反而冷酷地對待奮發向上的你。即便如此，你仍在往後的眾多人生裡持續嚴以待己，拚命造福社會。

現今眼前的和平，都是你累世的成果。因此，接下來，請以此為基礎，重視自己的心情與生活吧！

我非常期待你靈魂溫暖的揚升。

龍頭 巨蟹座

今生

今生課題（挑戰）
喚醒沉睡自我的通關密語

找回「自身情感」

原來我身邊充斥著柔情。與人交流，享受生活的小確幸吧！

明白「不完美的意義」……締造成長與栽培的喜悅。

明白「互補的快樂」……與他人帶著各自的弱點，成就彼此的光芒。

重視「情緒與過程」……無論結果成功與否，都能感受到滿滿的幸福。

明白「包容」與「依賴」的優點……學習運用這兩股陰性溫柔的力量與他人交流。

當你遭逢不順時，往往會下意識地壓抑內心的「負面情緒」。

因此，你的靈魂設計了一道機制，讓你在克制情緒時，會感到百般憂慮。

你是否曾因為一件明明微不足道的事情而突然感到煩躁鬱悶呢？即便別人問起你心情低落的原因，你也經常無法清楚說明。此時，請試著找尋身邊同樣困苦的人，並試著療癒他看看吧！你的靈魂藍圖正是計畫透過體諒他人困頓的心情，並比當事人更深刻地體認那份艱辛，來幫助他們察覺自己內心壓抑的「真心話」。藉由這個過程，你也將更能理解自己的情緒與心聲，進而療癒自己。

多虧有你，心靈乾涸的人們總能透過細微的情緒，明白自己的心聲，學會自我療癒。

今生課題
新手等級
菜鳥 ♋

菜鳥仍深受前世影響，並且尚未明白今生課題，活得十分辛苦。

困擾靈魂的慣習

每個人在青春期前都會不斷複習前世靈魂的慣習

你在前世只要無法造福社會，就會遭人排擠。因此，你深信：「若要獲得世人認同，就必須罔顧自身情緒」，於是為了眾人強忍痛苦。然而，總是依賴你的人卻時常忘記表達感謝，導致你的心靈逐漸枯竭。你甚至為了悉心照顧怠惰的眾人，封印起享受人生的心，讓一些人認為你「反應遲鈍」、「太過正經」與「嚴肅」，而你的內心也累積了愈來愈多的「空虛」。

靈魂後盾

總是強迫自己忍耐，掩飾自身情緒！
這樣的你選擇的靈魂後盾是……

若你依舊處在**菜鳥**階級，你仍會在今生極度害怕「毫無貢獻」，而無止盡回應他人的期待。即便現在願意隱忍所有不滿，日後也容易在心中暗自累積憤怒，心想：「某天我功成名就後，絕對要讓那些不知感恩的傢伙好看！」

這樣的你，身邊是否總是充斥著**那些無論你多麼努力回應期待，也總是一副理所當然、消極擺爛模樣的人，以及忘恩負義、渴望佔盡各種便宜與功勞的人**呢？

你是否曾經因為不擅長依賴他人而選擇暗自努力，結果反而被旁人認為難以親近，最終無法融入群體呢？

這正是靈魂的目的！為了改正「在情緒來臨時，總是急於壓抑情緒」的慣習，最有效的方式，就是匯集了一票**毫不在乎你痛苦情緒**的人。其實，你身邊那些討厭的人，都是**和你立下靈魂契約、來幫助你感受並表達「真實情緒」，以及讓你下定決心以「真實模樣」活下去的靈魂後盾**。

在這之中，你將學會不再壓抑自己的心情，而能開始表達前世積累下來的思緒，最終與眾人心心相印，感受彼此間溫暖的牽絆。

有效擺脫靈魂慣習的5句咒語

情緒是提醒你是否偏離靈魂藍圖軌道的信號。

正因不完美，才獨一無二。

每個靈魂都明白自己的時區。

對方缺乏的事物，是你能給予的禮物。

請享受理所當然的小確幸。

靈魂成長訓練

諸事不順時，先別急著覺得別無他法，只能一肩扛起責任。

身為**菜鳥♋**的你，如果渴望找回自身情感，就必須練習與自己的情緒共處。

因為身為**菜鳥**的你，常會試圖利用「憤怒」來掩飾自己纖細的感受，也會透過大聲說話、展現暴躁脾氣、無視或表現出事不關己的態度，來迴避解釋那些麻煩的情緒，最終只能建立空泛的關係。

相反地，如果你能探索、認同並分享自己的情緒，你將能真正理解自身纖細的感受，並自然吸引許多人對你伸出援手。你也將學會善用情緒，而不是被情緒牽著走，甚至能與有著相同感受的人共組靈魂家庭。

趕緊試試吧！

掌握情緒訓練
——活用情緒這則靈魂捎來的訊息

【步驟1】觀察情緒

專注於自己的情緒（並非讓自己變得情緒化、與人發生衝突，而是專注體會自身的感覺），接著找尋符合當下情緒的字眼，例如**憤怒、哀傷、懊悔、欣喜、歡樂**等，將其寫在紙上，並試著反覆唸幾次，感受這份情緒。**如果想哭，就放聲大哭；如果因為生氣而想痛扁枕頭或抱枕，也完全無妨。**

【步驟2】理解自己的信念

寫下自己在感受到這份情緒時，內心對自己的看法。

例如：**我很懦弱、我沒救了、我辦不到、我真厲害、我真幸運**等等。

【步驟3】接受這些情緒

利用步驟二的語句，確認情緒想要傳遞給你的訊息。請試著開口說出：**我很懦弱、我沒救了、我辦不到、我真厲害、我真幸運**。此時，如果你……

・湧現壞心情→步驟2寫下的這些語句代表不適宜的能量，一旦輕信，便會顯化成真。

・湧現好心情→步驟2寫下的這些語句代表適合你的能量，你將能在未來善加發揮這股能量。

【步驟4】改寫句子，使其符合自身能量

在明白哪些語句帶有不適宜的能量後，請改寫這些語句，讓它們成為有助於改善心情的話語，這麼做才能改變其顯化成真的能量。

※重要……請改寫成自己能夠相信、信服的語句。

「我很懦弱」→「我有懦弱的一面，也有堅強的一面」

「我沒救了」→「陷入低潮代表好戲正準備上演」

「我辦不到」→「也許明天我能前進一小步」

「絕對不可能」→「上天只會安排對我而言必要的經歷」

【步驟5】篩選出適合自己的人

向可以信任的人分享步驟4的語句。

①能夠立即同意並接受的人→與你同頻率的人

②否定你的想法、持相反意見的人→和你頻率不合的人（在脆弱時請記得與其保持舒適的距離）

【步驟6】汲取必要的訊息

在遇到步驟5②的情況時，請判斷自己當下的心情，確認對方的話是否為必要的能量。

- 信服、感動→這段話對你而言是必要的能量，可以採納並加以活用。
- 心情變得沮喪→這段話對你而言是不必要的能量，一旦接納便會顯化成真。

請隨時像這樣運用情緒，修正靈魂前進的軌道。

共感訓練

——運用共感能力與他人互相療癒

若你內心的痛苦持續不斷，與其讓這股情緒蔓延下去，不如找尋同樣苦於這種情緒的人，傾聽對方的心聲。你的周圍肯定藏有這樣的人，因為你的靈魂在來世之前早已如此規劃安排。隨著對方心情逐漸放鬆，你也會在不知不覺間獲得療癒。

而其中的祕訣，就是感受對方的艱辛，並幫他化為文字，同時讓對方想起自己原有的優勢與出色特質。

痛苦時的自我療癒法

- 花一整天享受美食，等待動盪的情緒退去（必須自然地等待情緒消散）。
- 傾聽他人的煩惱，鼓勵他人，助他人一臂之力。

今生課題

高手等級 平衡者 ♋

當你完成今生課題後，
將會進化為平衡者。
不僅能對自己的人生
感到心滿意足，
也能以真實的模樣
與旁人和樂共處。

今生課題 完成度檢測表

★經常這樣想，時常這樣做……A（10分）

★偶爾這樣想，有時這樣做……B（5分）

★不太會這樣想，幾乎不這樣做…C（1分）

合計分數＝平衡率（今生課題的完成度）

隨著完成度提升，你將能享受靈魂在靈界預先設定的「稀有物品」、「獎勵」、「派對」或「活動」等。（請參閱第34頁靈魂之路地圖）

0～49％……感覺痛苦多於歡樂，缺乏自由。這是靈魂為了避免你重蹈前世覆轍所做出的設定。

50～89％……即便遭逢不順，也能迎刃而解，並相信這樣的經歷正是在打造美好人生。

90～100％……明白生活中大多數事件對自己有何益處，因此即便艱辛困苦，也能懷抱喜悅。此外，也能自由修正前進的方向，感覺人生自由奔放，總是能心想事成。

檢測表在下一頁！

平衡者♋
今生課題　完成度檢測表

【能立即同感他人的情緒，並順暢表達自己的心情】
即便只是旁觀者，也能自然感受到他人的痛苦、共感他人的情緒，並溫柔地療癒他人。同時，也能順暢表達自己的心情，而非隨意發洩情緒。

【能像眺望月的陰晴圓缺一般凝視強烈的情緒】
明白情緒就像月亮的陰晴圓缺一般，會在強烈的悲傷、憤怒與喜悅之間不斷轉變，因此能夠淡定看待情緒的起伏。

【能不受他人負面情緒影響】
明白痛苦的情緒是一種與對方之間能量失衡的警訊，因此能給予對方展現情緒的空間並適時提供援助，同時避免自我傷害與過度承擔責任。

【允許自己與他人慢慢成長】
正因為明白自己並不完美，必須向他人學習才能成為更完整的人，所以也能耐心陪伴對方成長，一同歡慶彼此的進步。

【能與他人完美互補】
樂於幫助他人完成他們做不到的事，也懂得感激對方協助自己完成難以獨力辦到的事。藉由與他人互補，感受到內心擁有無比強大的力量。

【明白情緒是靈魂捎來的訊息】
明白心情愉悅，代表自己走在靈魂渴望的道路上，或遇上合適的人事物；而心情低落，則代表碰上靈魂想拋下的人事物，你也能選擇暫時放下。

【能透過情緒拿捏距離】
只與能夠坦然接納自己情緒的人交流心靈，並能與無法共感自己情緒的人保持互不干涉的理想距離。

【能適時提起驚人的勇氣及活力】
為了適應陌生環境，或是守護重要之人，能一改往常的作風，提起勇氣與活力。

【擁有超越血緣關係的靈魂家人】
擁有不受血緣關係拘束、彼此心心相印並互補的溫暖靈魂家人。

【珍惜突如其來的小確幸】
不因高遠的目標或無法到手的事物而感苦惱，而是對眼前的現況心滿意足，珍惜生活中的小確幸，因此無時無刻都心懷幸福。

合計分數
（平衡率）　　%

今生課題
導師等級

和諧大師 ♋

歷經好幾世不斷修習此課題，將能進化為和諧大師，晉升為眾人的導師。此時，你將會認為，為人類與地球生命付出，比為個人目的而行動更具意義。

帶領人們清理並正確使用情緒

已經完全拋棄「不安」與「恐懼」的**和諧大師♋**，能夠成為世人的導師，並白由融合內心的——

「嚴肅」與「溫柔」
「理性」與「感性」
「化解」與「包容」
「負責」與「互助」
「陽性」與「陰性」

這兩股的能量，進而孕育出煥然一新的力量，療癒地球上的一切。

此外，你也能幫助投胎至地球的靈魂眾生，提升情緒能量的層次，同時仁慈地照護宇宙萬物。

☊ ♋

龍頭 獅子座

前世

你在前世一直反覆執行這些事！

因過度為世間著想而無法享受人生

為了團隊研究或專案，不斷汲取知識、收集資料，卻因此逐漸喪失愛與喜悅

你在眾多前世裡，總是為了與夥伴執行重要研究或改革而壓抑自我。

你為了世界的發展不斷收集知識，隨時保持鎮定、不輕易流露情感。回過神來，卻發現自己總是在為他人著想，反而無法享受人生。

最終，你也在不知不覺中遺失了「自我意志」，不再知道生活的樂趣究竟在哪裡？

為了宇宙和人類，我要學會各項才能！
情緒真的好礙事啊！

【你在前世可能是這樣的人】

不停探究宇宙運行法則的煉金術師／拚命鑽研星象、觀察人類的占星師／不斷望向星空、埋頭計算的天文學家／渴望與夥伴一同改革世界運作機制的革命家／研發出造福世界之物的發明家／埋首實驗室的科學家／積極開發新技術的技術人員／投入重大實驗計畫的研究員／組織團隊探究未知的學者

經歷太多，靈魂已經受夠了！
——靈魂的心聲

我在前世總是為了打造**「眾生平等的世界」**，努力秉持「無私奉獻的精神」。不停告誡自己「務必保持客觀與理性」、「必須為了他人壓抑自身私欲」、「要完成重大任務，勢必得拋棄眼前的喜悅」的我，卻因為長期埋首於造福社會的研究，而在不知不覺中喪失了情緒感受。

老實說，我實在無法像每個人一樣四處玩樂，因為我覺得只在意自己的人太無趣了！比起「自己的夢想和熱情」，我更想談論遠大的目標。

只是，說了也沒有用，而我也不期望有人能理解。

討厭的事情

遭人魯莽踐踏、古板偏激的想法、被迫從事無聊小事。

嘴上雖然聲稱：「儘管每個人都和氣地說要『愛自己』，但正是因為每個人都只愛自己，才會引發戰爭、破壞環境！」卻又在回過神後，發現自己支離破碎（笑）。

老實說，活著真無聊！我想做點更有意義的事情！難道就沒有什麼有趣的樂子嗎？

哎呀！我最討厭這樣**「無聊透頂的自己」**了！

跳脫前世的無限輪迴吧！
——這些慣習會阻礙你的揚升！

「一個人往往力不從心」……你在眾多前世裡總是與同伴並肩行動，因而認為獨自一人成不了大器。

「一旦失去理智就會自取滅亡」……過往的你在遭逢困難時，往往會抹煞自己的情感，以客觀的態度應對。

「認為自己才疏學淺」……過往的你喜歡以浩瀚知識保護自己，因此認為無知十分危險。

「覺得個人的愛戀、喜悅及夢想無聊透頂」……過往的你認為，與宇宙的浩瀚天理、人類的重大議題相比，這些簡直微不足道。

龍頭 獅子座

靈界

你的靈魂在和眾多聰明前輩討論後，決定選擇這張藍圖！

藉由戲劇化人生體驗生活喜悅

※請參閱「靈魂之路地圖」（第32頁至第35頁）

先精進前世擅長的技能吧！

你對於

「切換嶄新視野的能力」

十分出色！

這是誰決定的？
為什麼一定要這樣想？
不管怎麼看，
都只有這個方法才行得通啊！
為何不試試看？

總是能像這樣翻轉眾人既定思想與觀念的你，改善、推進事物的才能簡直一流！你在眾多前世裡，總是運用這份能力，引領人類迎向自由的未來。

不過，一旦失去喜悅與熱情，將無法真正體會「美好的未來」。

因此，若你能於今生與眾人一同玩樂，**盡情享受自己的人生**，便不再會覺得世間的一切與己無關，甚至能激勵他人一同打造幸福的將來。

靈魂的今生目標清單

——在接下來的人生裡，
你將會開闢哪些「嶄新自我」呢？

- 依序完成能讓自己真正開心的事情。
- 隨心所欲、異想天開、無窮無盡地創造。
- 以玩樂的心態輕鬆展開所有計畫。
- 焚膏繼晷、全心全意地投入一件事。
- 抱著孩子般純真的心幫助他人。
- 讓每個人嶄露笑容。
- 成為團體中心，發起許多祭典般歡樂的活動。
- 運用歡樂的能量號召眾人。
- 捍衛自己的幸福。
- 明白不幸是人生這齣戲的調味。

此生決定要進化成這副模樣！

- 盡情沉浸於自身的喜悅裡！
- 欣賞自己的不同面貌！
- 全力發揮自我意志的力量，創造現實！
- 把人生當成一場遊戲，勇敢冒險！
- 體驗當下，避免操心未來！
- 愛自己，也因被愛而喜悅！
- 打造「自己」這件藝術品！

決定

來自宇宙的訊息

你為了「發展嶄新的社會」，經歷了許多場人生。然而，人們卻認為犧牲生活樂趣的你是名怪胎。即便如此，你依然故作鎮定，並在往後的眾多人生裡，拚命創造全新的世界。

現今，所有吸引你目光，令你耳目一新的事物，都是你累世的成果。因此，接下來，輪到你以此為基礎，自由打造屬於自己的喜悅了！

我非常期待你靈魂熱烈的揚升。

龍頭 獅子座

今生

今生課題（挑戰）
喚醒沉睡自我的通關密語

打造「自己的快樂」

能活在世上真是太好了！
以孩童般的目光體驗生活的喜悅吧！

自行為人生打造歡樂……憑一己之力創造幸福，而非依賴他人帶來快樂。

找尋「內在洋溢的熱情」……留意內心隱隱流露的熱情。

允許自己大量接收愛……大量接納過往習慣拒絕的愛。

明白「投入」和「冒險」的優點……學習掌握這兩股難以招架的能量。

無論你內心有多抗拒，仍會輕易順從眾人的想法，果斷放棄自己的夢想。

因此，你的靈魂設計了一道機制，讓你在無奈地放棄自身期望時，感受到人生的無趣。

其實，當你渴望找尋生活中的樂趣、希望有人帶你體會快樂，但又感覺無所適從、生活一成不變時，正是你起身行動的時刻！你的靈魂藍圖正是計畫讓你在此生，透過各種經驗確認自己的喜好，從頭打造屬於你的生活喜悅。

深陷絕望的人，在看到你無論遇上什麼壞事，都能如孩童般享受其中後，也將能重新找回笑容。

今生課題
新手等級
菜鳥 ♌

菜鳥仍深受前世影響，並且尚未明白今生課題，活得十分辛苦。

我才不是為了做無聊的事
才來到這個世界上的…

困擾靈魂的慣習

每個人在青春期前都會不斷複習前世靈魂的慣習

你在前世總是和眾多夥伴為了世界與地球埋頭苦幹。深信「必須跳脫個人狹隘眼光」的你，因而捨棄了人類獨有的喜悅。不過，無論你立下多麼壯大的豐功偉業，內心仍舊備感空虛。最終，你失去了對生活的熱情，甚至批評那些享受生活的人自私自利。於是，有些人會認為你冷酷、古怪、愛講道理，而你的內心也漸漸累積起強烈的「無力感」。

靈魂後盾

堅持把世界擺在自己前面這樣的你選擇的靈魂後盾是……

若你依舊處在**菜鳥**階段，你仍會在此生極度害怕淪為無趣的人，並輕視所有無益於世界與人類的愛與喜悅，認為個人私事與世界相比，根本微不足道。

這樣的你，周圍是否總是充斥著**不斷告誡你「為了偉大目標犧牲自我有何缺點」的人**，或是無論你多麼為世界不遺餘力，**也無法認同你豐功偉績的人**，而讓你強烈感覺自己在浪費生命呢？

此外，你是否也時常因為想破頭卻仍看不見某件事情的價值，而在起頭之前就先選擇放棄了呢？

這正是靈魂的目的！為了改正「渴望投入更具價值的偉大夢想」的慣習，最有效的方式就是請求其他靈魂協助你意識到——**自己即便立下豐功偉業也一文不值**。其實，你身邊那些討厭的人，都是**和你立下靈魂契約，來幫助你發現「每件事都藏有喜悅」，並決意「讓自己的人生發光發熱，照亮世界」的靈魂後盾**。

總有一天，你會開始厭倦灰暗的世界，並能鼓勵自己「凡事勇於嘗試、享受其中」。在你起身行動後，身邊的人也將因此綻放笑容。

有效擺脫靈魂慣習的5句咒語

唯有愛自己，才能愛人與被愛。

像天真無邪的小孩一般盡情悠遊人生。

無論身處何種情境，都要享受其中。

愈是痛苦，愈不能忘記玩心。

積極行動後的失敗，比故步自封的安全更具魅力。

靈魂成長訓練

諸事不順時，先別急著立即遁形，或假裝若無其事。

身為**菜鳥♌**的你，必須多加練習感受內心真正的喜悅。

因此，你需要關注自己的內在小孩，才能明白自己的願望與實現願望的感受。當身為**菜鳥**的你開始渴望找尋樂子，或是感到無聊時，請遵從內心天真無邪的小孩所散發的玩心、直覺與靈感。或許，你將能因此在生活中的小冒險與新鮮事裡，發現意想不到的樂趣。

你的靈魂其實早已安排好，今生所有那些微小的任性之舉，都能被包容接納。既然享受了這份恩澤，就請在未來也傾聽他人的小小私心吧！

趕緊試試吧！

內在小孩的冒險訓練
——起身找尋自身的喜悅

【步驟1】

雙腳張開與肩同寬，在吸一口氣後輕輕地微笑，接著一邊吐氣，一邊輕微抖動身體，放鬆身軀。

重新吸一口氣後，再一次輕輕微笑，然後一邊吐氣，一邊像孩子興奮地活蹦亂跳般，扭動、搖晃身體，徹底放鬆。

【步驟2】

以放鬆的姿勢坐著，想像心裡深處住著一名天真無邪、自由自在的「內在小孩」，並自由描繪他的年紀與模樣。

【步驟3】

詢問這位小孩現在的渴望，無論多麼愚蠢或荒謬的事情都無妨。

【步驟4】

若能實際行動，就別只侷限於幻想，請立即採取行動。

（例）想吃蘋果、想去盪鞦韆、想見〇〇〇、想被稱讚（撫摸自己的頭、用言語誇讚自己）、想睡覺（小睡片刻）、想被擁抱（擁抱自己的身軀）等。

【步驟5】

無法立即實行的事情，就在腦海中具體想像。

你也可以搭配背景音樂、音效、香氛或圖片來增添樂趣，讓自己沉浸其中。

（例）想潛水……播放海浪的聲音，想像自己潛入海裡。

想遨遊外太空……欣賞宇宙的照片，想像自己穿梭於星球間。

想露營……想像自己在星空下或森林裡暢飲啤酒。

覺得寂寞……想像自己盡情地玩樂，並給自己大大的擁抱。

【步驟6】

在接下來的一天內體驗相似的活動。

（例）想潛水……一邊欣賞潛水的影片，一邊泡進裝滿溫水的浴缸。

想遨遊外太空……欣賞宇宙科幻片。

想露營……拉張椅子到陽台，坐在那裡看星星、喝啤酒。

覺得寂寞……邀請朋友一起參加開心的活動。

【步驟7】

如果你正因為極度不想做某件事（例如必須完成的工作等）而感到沮喪的話，請在腦海中安慰自己的內在小孩，擁抱他、揹揹他，並溫柔、沉穩地傾聽他不悅的理由。

若心情真的過於低落，請在可行的情況下稍歇一會兒（身為菜鳥♌或平衡者♌的你，此生被允許做出些微任性之舉，因此請先試著讓自己任性一回）。

如果無法休息，則務必思考能激發動力的方法、希望獲得的獎賞，以及完成後的好處等。當然，在完成之後，可別忘了好好犒賞自己。

※註……請耐心對待自己的內在小孩。只要發揮想像力，就能實現他大部分的願望，並逗他開懷大笑。由於許多菜鳥♌不擅長想像，所以請把這項訓練當作鍛鍊想像力的練習，並好好享受其中！

痛苦時的自我療癒法

- 欣賞成功人士的傳記，或是結局美滿的愛情電影與劇集。
- 透過創作抒發當下情緒（如寫作、繪畫、雕塑黏土或陶土、製作音樂、拍攝影片等）

今生課題 高手等級

平衡者 ♌

當你完成今生課題後，將會進化為平衡者。不僅能對自己的人生感到心滿意足，也能以真實的模樣與旁人和樂共處。

今生課題完成度檢測表

★經常這樣想，時常這樣做……A（10分）

★偶爾這樣想，有時這樣做……B（5分）

★不太會這樣想，幾乎不這樣做…C（1分）

合計分數＝平衡率（今生課題的完成度）

隨著完成度提升，你將能享受靈魂在靈界預先設定的「稀有物品」、「獎勵」、「派對」或「活動」等。（請參閱第34頁靈魂之路地圖）

0～49％……感覺痛苦多於歡樂，缺乏自由。這是靈魂為了避免你重蹈前世覆轍所做出的設定。

50～89％……即便遭逢不順，也能迎刃而解，並相信這樣的經歷正是在打造美好人生。

90～100％……明白生活中大多數事件對自己有何益處，因此即便艱辛困苦，也能懷抱喜悅。此外，也能自由修正前進的方向，感覺人生自由奔放，總是能心想事成。

檢測表在下一頁！

平衡者 ♌
今生課題　完成度檢測表

【能自己打造人生】
深信每個人都能遵循自我意志，自由自在地打造人生這件藝術品，並盡情享受這段歷程。

【在任何情景中皆能尋得樂趣】
愈是遭逢艱難的處境，愈能抱著玩心潛行，帶著笑容與冒險精神開心地披荊斬棘，不會覺得無趣或厭煩。

【能憑意志力跨越重重關卡】
即使陷入低潮，也能憑藉強大意志力順利化解多數困難，並意外發現自己擁有感化他人的影響力。

【重視自己的內在小孩】
明白只要試著實現內在小孩那純真、任性的渴望，他將為你帶來精采刺激、心滿意足的人生。

【明白自己是特別的存在】
深知每個人都是一個獨立、寬廣的宇宙，能以自身獨特的光芒照亮世界、地球與宇宙，因此深信自己絕對是獨一無二的存在。

【認為自己是被愛的】
懂得疼愛自己，也懂得愛人，並感受到自己同樣受到他人的喜愛。

【懂得要怎麼收穫，先怎麼栽】
無論他人有何看法，都相信自己所付出的能量終將獲得對等的回報，也認為表面的幸運，其實是長期努力的成果。

【明白感動是讓人生閃閃發光的燃料】
明白想收穫感動，就要練習讓內心有所觸動；也懂得與其被感動，不如去感動他人，進而領悟感動他人的喜悅，進化為人生大師。

【樂於幫助他人大放異彩】
認為積極發掘他人獨有的光彩，幫助對方成為自己人生的主角，並由此帶來歡樂，是一件無比幸福的事。

【感覺自己備受支持】
做自己時，總能感覺到各種有形與無形的支持，並深刻體會到自己是個十分幸運的人。

合計分數
（平衡率）　　　　%

今生課題

導師等級 **和諧大師♌**

歷經好幾世不斷修習此課題，將能進化為和諧大師，晉升為眾人的導師。此時，你將會認為，為人類與地球生命付出，比為個人目的而行動更具意義。

帶領人類體驗顯化

已經完全拋棄「不安」與「恐懼」的**和諧大師♌**，能夠成為世人的導師，並自由融合內心的——

「冷靜」與「投入」
「知識」與「體驗」
「觀察」與「行動」
「客觀」與「主觀」
「獨特」與「唯一」

這兩股能量，進而孕育出煥然一新的力量，為地球帶來無限歡樂。

而投胎至地球的靈魂眾生所締造出的愛與喜悅，也將激發前所未有的宇宙創造能量。

龍頭 處女座

前世

你在前世一直反覆執行這些事！

因過度受人擺布而失魂落魄

無論他人如何對待你，你總是悶不吭聲地承受，導致自己身心俱疲。

你在眾多前世裡，總是任由他人擺布，經常因此遭到欺騙與利用。

儘管受到神祕力量的庇護得以倖存，卻在長期的壓迫下遍體鱗傷。

此外，每當你看見他人受苦時，總無法袖手旁觀。但回過神來，卻發現自己竟比對方更痛苦，幾乎無法繼續撐下去。

好啦！交給我吧！我知道你累了！
我已經撐不住了……怎麼辦才好……

【你在前世可能是這樣的人】

奴隸／修道院裡的修道士、禪寺裡的和尚／寄宿雇主家的幫傭／四處流浪、尋求容身之處的無家者或難民／酒精或毒品勒戒所裡的成癮者／藝術家或靈媒／囚犯／出生於富裕家庭卻失去自由的少爺或公主／百依百順的妻兒

經歷太多，靈魂已經受夠了！
——靈魂的心聲

我在前世總是努力成為一個「溫柔的人」，以打造「相親相愛、善解人意的世界」。

只是，認為「愛能拯救世界」、「不能無視受苦的人」、「身陷困境時絕對會有人伸出援手」的我，時常因為一肩承擔一切，而遭人百般依賴、占盡便宜、肆意對待。而且，我總以為這些人一定很苦惱，仔細觀察後卻發現似乎並非如此。或許我不該就此放棄，但我的能力真的已經到了極限……

明明大家都說：「不能凡事都依賴他人。」但每次我回絕請求，往往只是被當耳邊風，根本沒人放在心上。

討厭的事情

恐懼、疲倦、痛苦、看見受苦的人、固執己見的人。

嘴上說著：「大家總提醒不能寵壞他人，但如果每個人都嚴以待人，這個世界豈不是變得更可怕嗎？」卻又在回過神後，發現這世界早已令人難以忍受。

老實說，這世界充斥著讓人厭煩的事物，活著實在令人疲憊不堪。然而，我更害怕死亡。於是到頭來，我變得一事無成、一無所知、束手無策。

哎呀！我最討厭這樣**「無能的自己」**了！

跳脫前世的無限輪迴吧！
——這些慣習會阻礙你的揚升！

「深信自己低人一等」……你在眾多前世裡總是遭遇不公平對待，因此深信自己天生不如人。

「認為自己無計可施」……你在前世裡習慣了順從他人，久而久之，經常感到無力與自暴自棄。

「覺得自己無法獨立生活」……過往的你凡事都任由他人擺佈，導致無法自行做決定，也無法培養自信。

「相信自己是被害者」……由於在前世中常常遭人凌虐與佔便宜，你開始相信自己永遠是個悲慘的犧牲者。

龍頭　處女座

靈界

你的靈魂在和眾多聰明前輩討論後，決定選擇這張藍圖！

逐步達成目標　淋漓盡致發揮潛能

※請參閱「靈魂之路地圖」（第32頁至第35頁）

先精進前世擅長的技能吧！

你對於

「接納一切的能力」

十分出色！

無論現在多麼痛苦艱辛，
一切終將水到渠成。
宇宙會在你需要的時候給予必要的資源，
而你也一定能在其中找到出路！

總是能像這樣，在任何困境中連結宇宙浩瀚能量與萬物的你，接納一切的能力可說是一流！你在眾多前世裡，總是運用這份能力，為人類帶來深層的療癒。

不過，如果不與自我連結、善用自身能力的話，將無法獲得「理想的人生」。

因此，請在今生設立好**「個人目標」**，發揮自身長才，積極投入行動。如此一來，你將能收穫理想人生，不再自暴自棄地認為自己「辦不到」。

靈魂的今生目標清單

——在接下來的人生裡，
你將會開闢哪些「嶄新自我」呢？

- 發揮自身實力，化解任何困難。
- 自行規劃、實行，並達成目標。
- 不受他人擺布，堅持自己的想法。
- 不再責怪他人，學會為自己負責。
- 善用自身能力，幫助那些受苦的人。
- 斷絕一切誘惑。
- 放下過去與未來，專注活在當下。
- 將愛轉化為具體行動。
- 學會與恐懼、不安和平共處。
- 明白「失之毫釐，差之千里」的道理。

此生決定要進化成這副模樣！

- 累積微小的成功經驗，一步步建立自信！
- 透過實際行動或規律練習，克服恐懼與誘惑！
- 牢牢掌握自己的人生，勇敢負起責任！
- 妥善整頓自己，避免陷入混亂！
- 建立具體計畫，朝理想邁進！
- 看重細節的價值，並用它來服務社會！
- 以實際行動表達內心的慈悲！

來自宇宙的訊息

你為了「療癒世間的痛苦」，經歷了無數場人生。然而，人們卻屢屢利用你、佔你便宜，甚至踐踏你。儘管你深感悲痛，仍在往後無數次人生裡持續地任人剝奪，為他人犧牲奉獻。

現今，你身邊滿溢的愛，全都是你累世的成果。因此，接下來，輪到你以此為基礎，發揮你的實力，達成理想了！

我非常期待你靈魂清新的揚升。

龍頭 處女座

今生

今生課題（挑戰）

喚醒沉睡自我的通關密語

發掘「自身潛能」

原來可以憑一己之力改變現實！
好好磨練那「熟能生巧」的能力吧！

活用「未曾發揮過的能力」……發掘能改善現實的實用技能。

用行動展現「愛心」……將滿溢的愛轉化為行動，藉由付出改變世界。

奪回「自信」……透過達成目標，明白宇宙中不存在被害者，並藉此奪回自信。

明白「自律」與「計畫」的優點……學習掌握這兩股難以招架的能量。

儘管你認為不該如此，仍會習慣性地幻想一切終將水到渠成，因而放棄積極行動。

因此，你的靈魂設計了一道機制，當你放任不安不管時，不安便會不斷膨脹，使你陷入恐慌。你豐富的想像力會讓你不停幻想「將有壞事降臨」，使你筋疲力盡。此時，請務必活動身體！你可以先打掃周圍環境，光是這麼做，就能讓內心奇蹟般地清淨下來。接著，列出目前可行的事情並付諸行動，藉此緩解不安。你的靈魂藍圖正是計畫以「不安」作為警鈴，促使你發揮改變現實的能力。

失去動力的人，在看到這樣的你之後，也將變得自律，督促自己踏實朝目標前進。

今生課題

新手等級

菜鳥 ♍

菜鳥仍深受前世影響，並且尚未明白今生課題，活得十分辛苦。

困擾靈魂的慣習

每個人在青春期前都會不斷複習前世靈魂的慣習

你在前世總是任由缺愛的人擺布身心，對此默不吭聲的你，深信自己是「無助的受害者」。為了逃離老是唯命是從的痛苦現狀，你開始沉溺於某事，宛如一尊心靈空洞的人偶。不僅生活愈來愈困苦，有些人還認為你「懦弱」、「過度依賴」、「缺乏自我」。而你的心底，也累積了大量的「憂鬱」。

靈魂後盾

我覺得我是世上最無能的人！這樣的你選擇的靈魂後盾是……

若你依舊處在**菜鳥**階段，今生的你依然會極度害怕相信自己，反而全然相信那些滿懷自信之人所說的話。你也容易認為所有人都比自己優秀，渴望凡事都能獲得他人協助。

這樣的你，周圍是否總是充斥著明明已經裝得弱不禁風，卻依舊**不願對你伸出援手的人**，以及明明保持緘默，卻依然占你便宜、替你增添麻煩的人呢？

此外，你是否也曾經因為害怕惹怒他人，而在尚未確認對方是否真的陷入困擾之前，就無奈接受對方的無理請求？最後卻發現那只是小事一樁，反而覺得自己像是被隨意竊取了能量？

這正是靈魂的目的！為了改正「不相信自己、對他人唯命是從」的慣習，最有效的方式，就是匯集一票**不足為信**的人。其實，你身邊那些讓你感到不悅的人，全都是**和你立下靈魂契約，來幫助你發現「自身的優秀能力」，並決定「為自己的人生出擊」的靈魂後盾**。

最終，你將領悟——與其信任他人，不如相信自己，並開始排解前世累積至今的消極能量。

有效擺脫靈魂慣習的5句咒語

以整理、分析、計畫、實行、修正的順序辦事。

以靈魂視角來看，世上沒有受害者與加害者。

決定目標後，先推算、計畫待辦事項。

不安時，先活動身體，整頓環境。

按表操課能換來安心。

靈魂成長訓練

諸事不順時，先別急著陷入恐慌、轉身逃跑。

身為**菜鳥♍**的你，必須立定目標，才能發掘自己身上未知的能力。

其實，那些在生活中感到不悅與不滿的時刻，正是你立定目標的大好機會。你可以藉此思考自己的理想狀態，以及能夠帶給眾人歡笑的模樣，並以此為目標。接著，盡可能仔細規劃達成此目標的步驟，並將其列成淺顯易懂的待辦清單。最後，只需照計畫執行即可。儘管身為**菜鳥**的你討厭變更作息與安排，仍請盡可能依循計畫。日後每日回顧時，你將發現自己竟能自然地弭平不安，並對自己的才華感到驚喜。此外，在感到慌張、毫無動力時，若能例行進行簡單的打掃清理，也會讓你意外地感到輕鬆舒爽。

趕緊試試吧！

制定每日行程表訓練
——安定自己的心

【步驟1】

配合每週的作息，制定一份不會勉強自己、且能穩定執行的行程表（內容可依星期調整）。

此外，請每天預留5至15分鐘的時間，用於「整理」或「打掃」環境。

以下是制定行程表的重點：

①為了讓行程表不會過於勉強自己又能確實執行，請每天稍作微調。

②請務必預留可因應緊急狀況的「緩衝時間」。

【步驟2】

請將按表操課視為整頓內心的儀式，盡可能每天實行，並避免出現例外情況。

達成目標訓練
——打造堅定的自信

【步驟1】設定目標

具體設定你渴望達成的「目標」，並明確訂下「完成日期」。

（例）在○月○日前取得○○資格！

【步驟2】詳細列出待辦事項

將達成目標的期間細分為數個階段，並針對每一階段列出需要完成的具體事項。請務必設定能夠每天逐步執行的內容。

（例）一年後……○月考試，取得資格

每月目標（共12個月）……閱讀參考書一章

每週目標……將每月目標切分為4等分

每日目標……閱讀○頁～○頁

【步驟3】製作計畫表

請從以下兩種方法中，選擇方便執行的作法。

A　在大張紙或筆記本上寫下完整計畫。

B　將目標一一寫在便條紙上，黏貼在筆記本或每月的行事曆上。

【步驟4】將完成事項打勾

如實完成計畫後，在該目標旁打勾，或是劃掉該項目、撕掉寫有該項目的便條紙等。

【步驟5】修正計畫

若計畫延遲，請修正內容，並盡可能避免更動目標達成日。若真的別無他法，再調整達成日期（←此為最終手段）。

若計畫提前，則可以自由加入「緩衝日」或「休息日」。

【步驟6】即便中途休息、中斷，也要重振旗鼓

即便三天打魚，兩天曬網，也請修正計畫、重振旗鼓，避免半途而廢（像這樣一曝十寒三次，計畫就會整整拖延一個月！）。

願望達成之時，相信你一定能感受到滿滿的自信，加油！

淨化訓練
——整理空間與物品，等同於整頓內心

①當你感到心煩意亂時，請找找眼前雜亂的地方，或是骯髒的物品。

（例）某層抽屜、房間一角、某只鍋子、桌上等。

②設定5至15分鐘的鬧鐘，想像自己也正在清理心靈一般，持續整理清潔直到鬧鐘響起。只要稍微整頓了環境或內心就足夠。

痛苦時的自我療癒法

- 整頓清潔。
- 騰出時間服務他人，並不求回報。

今生課題

高手等級

平衡者 ♍

當你完成今生課題後，將會進化為平衡者。不僅能對自己的人生感到心滿意足，也能以真實的模樣與旁人和樂共處。

今生課題完成度檢測表

★經常這樣想，時常這樣做……A（10分）

★偶爾這樣想，有時這樣做……B（5分）

★不太會這樣想，幾乎不這樣做…C（1分）

合計分數＝平衡率（今生課題的完成度）

隨著完成度提升，你將能享受靈魂在靈界預先設定的「稀有物品」、「獎勵」、「派對」或「活動」等。（請參閱第34頁靈魂之路地圖）

0～49%……感覺痛苦多於歡樂，缺乏自由。這是靈魂為了避免你重蹈前世覆轍所做出的設定。

50～89%……即便遭逢不順，也能迎刃而解，並相信這樣的經歷正是在打造美好人生。

90～100%……明白生活中大多數事件對自己有何益處，因此即便艱辛困苦，也能懷抱喜悅。此外，也能自由修正前進的方向，感覺人生自由奔放，總是能心想事成。

檢測表在下一頁！

平衡者♍
今生課題　完成度檢測表

【具備夢想成真的實力】
能夠具體立下渴望達成的目標，並制定可實行的計畫。明白只要一步一腳印地落實，終將能實現目標。

【能夠冷靜完成份內事務，撫平慌亂】
不被表象與情感所迷惑，能看穿真正的問題，並列舉有效的改善方法，制定計畫並確實執行，重新掌握秩序。

【設想周到，並能因此創造絕佳的和諧】
明白輕微的誤會或疏失可能引發重大的災難與問題，因此凡事設想周到、準備齊全。

【能自己照顧自己】
能妥善打理好自己的一切，以避免依賴他人，或讓他人擺布自己的生活。

【生活規律】
不受情緒波動或生活事件干擾，能確實遵循自己訂定的日程，藉此擺脫無謂的焦慮，讓內心與時間重獲餘裕。

【不勉強自己，也不寄望他人】
因為能接納自己「自然真實」的狀態，也就能包容他人的原貌，不對他人寄予過高期望。

【明白世上沒有受害者】
無論遭遇多麼嚴重的迫害，都能找出擺脫之道與避免重蹈覆轍的方法，積極解決問題，不讓自己陷入受害者意識。

【明白理想與完美主義的差異】
深知即使希望某個人事物變成某種模樣，也無法強迫其完美改變。

【明白人的健康與環境的健康息息相關】
明白身心健康會提升環保意識；而環境健康也能增進身心機能。因此，能同等重視身心與環境的健康。

【能用行動表達愛】
能將內心滿溢的愛化為具體行動，實際改善困苦之人的處境，而非僅以愛的名義一味接納一切。

合計分數
（平衡率）　　　%

今生課題

導師等級

和諧大師 ♍

歷經好幾世不斷修習此課題，將能進化為和諧大師，晉升為眾人的導師。此時，你將會認為，為人類與地球生命付出，比為個人目的而行動更具意義。

指導人類高效維護身心的方法

已經完全拋棄「不安」與「恐懼」的**和諧大師♍**，能夠成為世人的導師，並自由融合內心的——

「混亂」與「秩序」
「幻想」與「現實」
「想像」與「行動」
「粗曠」與「細膩」
「犧牲」與「服務」

這兩股能量，進而孕育出煥然一新的能量，淨化地球，整頓自然環境。

此外，你也能引領投胎至地球的靈魂眾生，將身心視為自然的一部分加以整頓，藉此實現進化與揚升。

龍頭　天秤座

前世

你在前世一直反覆執行這些事！

因長期孤軍奮戰而無法融入世界

你長年在殘酷的戰場裡誓死保衛自己，拒絕依賴任何人。

你在眾多前世中，總是以只仰賴自身力量的戰士之姿，孤身披荊斬棘，橫越無數腥風血雨的戰場。為了生存，你在所不惜，既不允許自己依賴他人，也不辭辛勞地鍛鍊自我。只是，在停止奮戰之後，你卻變得「無法融入世界」。

在那樣的日子裡，做什麼都讓你感到匱乏，平靜的日常更使你無聊透頂。

放馬過來吧！我會搞定的！
真的有必要跟人社交嗎？

【你在前世可能是這樣的人】

戰士／拓荒者／鬥士／在後宮爭鬥的女性／獨自成長的孤兒／單獨行動的間諜／孤身移居他國的難民／白手起家拓展事業的商人／治安極差荒郊地區的居民

經歷太多，靈魂已經受夠了！

——靈魂的心聲

我在前世總是努力成為一名「強者」，好**「排除萬難解救世界危難」**。然而，不斷告誡自己「不能依賴他人」、「必須增強實力」、「無法保護自己的人別想守護他人，所以務必照顧好自己」的我，卻因為持續鍛鍊自我，而與他人產生了距離。

老實說，我真的無法理解為什麼每個人都喜歡在意一些無關緊要的小事。弱小的人，怎麼有辦法面對「傷害」和「痛苦」呢？而且，人們口中的「互助」或「夥伴」，說穿了不就是在依賴別人嗎？

雖說如此，我還是很想和大家成為好朋友啊……但與人交際真的好麻煩呀！還是算了吧！

討厭的事情

失敗、哭泣、牢騷、吹噓、依賴他人的人、虛偽的笑容。

嘴上雖然說著：「儘管世人常說要『接納脆弱』，但如果每個人都包容懦弱，這世界豈不是完蛋了嗎？」卻在回過神後，發現自己其實也滿目瘡痍（笑）。

其實，我知道自己與他人之間有隔閡，卻不知道該怎麼與他人相處。不慍不火的關係、不上不下的生活，讓空虛感不斷蔓延。再者，我真的很害怕人。

哎呀！我最討厭這個「怕生的自己」了！

跳脫前世的無限輪迴吧！

——這些慣習會阻礙你的揚升！

「認為失敗就完了」……你在眾多前世裡總是不斷驍勇奮戰，導致你認為「失敗」就等於「垂亡」。

「努力搶先一步」……過往的你認為只要落於人後，一切就會遭到竊取與破壞，所以總是不斷鞭策自己前進。

「不能依賴他人」……你曾深信，在戰場上依賴他人等同於自取滅亡，因此總是憑藉一己之力捍衛自己的生命。

「凡事不擇手段」……在眾多前世裡，由於缺乏他人保護，你總是為了生存而不擇手段。

龍頭　天秤座

靈界

你的靈魂在和眾多聰明前輩討論後，決定選擇這張藍圖！

與夥伴共創和諧 合作打造樂園

※請參閱「靈魂之路地圖」（第32頁至第35頁）

先精進前世擅長的技能吧！

你對於
「獨立自主的能力」
十分出色！

情況愈是危急，
身體愈會因興奮而顫抖，
並從內心深處湧現出一股力量。

總是像這樣獨自跨越許多危機的你，幫助他人鼓起勇氣並邁向獨立的能力簡直一流！你在眾多前世中，總是運用這份能力，激勵他人迎接未知的挑戰。

只是，儘管費盡千辛萬苦堅強地活了下來，一個人的力量終究有限。

所以，若你能在此生學會**統合眾多獨立個體的力量**，你將能拓展可能性，突破更多挑戰，而從中獲得的喜悅也將加倍！

靈魂的今生目標清單

——在接下來的人生裡，你將會開闢哪些「嶄新自我」呢？

- 明白他人眼中的世界。
- 結識獨立堅強的夥伴。
- 明白與他人分工合作，能減輕一半的負擔，並獲得無數喜悅。
- 明白將能量傳遞給他人，這股能量終將回流到自己身上。
- 了解讓他人提振心情的方法。
- 明白只要傾聽他人，就能建立良好關係。
- 更懂得尋找與他人之間的平衡點。
- 明白與他人和諧相處的感覺。
- 體會獨樂樂不如眾樂樂。
- 明白安穩與和平，其實並不無聊。

此生決定要進化成這副模樣！

- 從他人的視角欣賞世界！
- 與他人分享喜悅！
- 與他人真心互助！
- 找尋眾人的平衡點！
- 與人舒適地溝通！
- 完成他人的心願，並獲得宇宙的回報！
- 與他人攜手並進，共創繁榮！

來自宇宙的訊息

你為了「積極開拓世界的未來」，經歷了無數場人生。然而，人們卻忘恩負義，對你這位罔顧危險、犧牲奮戰的存在保持距離。儘管你怒不可遏，並因此關上心房，仍舊在往後的生命裡持續奮鬥，繼續為世界的前途打拚。

如今，你眼前這片光明世界的一切，正是你累世開拓的成果。因此，接下來，輪到你以此為基礎，與心愛之人共創喜悅與繁榮了！

我深深期待你靈魂美麗的揚升。

龍頭 天秤座

今生

今生課題（挑戰）
喚醒沉睡自我的通關密語

透過「合夥」共創繁榮

一加一絕對大於二！
享受與他人和諧共進的美好吧！

學習「與他人和睦相處的方法」……徹底了解「與他人的共處之道」。

放眼「自己以外的世界」……跨越自我的狹小框架，理解對方的觀點。

與他人「合作」，共創繁榮……與能力不同的人攜手合作，和睦共創繁榮。

在「給予」與「領受」之間取得平衡……學會掌握這兩股未曾體驗的能量。

一旦事情發展不如預期，你便容易全力以赴，逕自拚命改變現狀。

因此，你的靈魂設計了一道機制，讓你在心生不快時會忽然喪失鬥志。無論是自己遇到阻礙，或是他人向你表現出激動情緒，你都會感到能量耗盡、毫無動力。此時，千萬別急於妄下解決方案，請務必徵詢親朋好友的想法，因為你將能從中發現自身的盲點。化解困難的提示，往往藏在與他人的交流中。透過來往互動，你將發掘全新的可能性，並在與他人的溫柔對話中，下定決心共創繁榮。

當你能夠向人群敞開心胸時，你將真正體會到與他人共同生活的幸福與喜悅。

今生課題

新手等級 菜鳥 ♎

菜鳥仍深受前世影響，並且尚未明白今生課題，活得十分辛苦。

困擾靈魂的慣習

每個人在青春期前都會不斷複習前世靈魂的慣習

你在前世總是獨自跨越許多險境。深信「軟弱只會自找麻煩」的你，不停鍛鍊自我，從不倚靠他人。你總是避免與他人互相依賴，同時也疏遠那些仰賴你的人。最終，你不再與他人有日常交流，甚至有人因為你愈來愈堅決只仰賴自己，而認為你「自私自利」、「冷酷無情」、「自以為是」，也讓你內心「渴望被認同」的想法愈發強烈。

靈魂後盾

我只仰賴「強大的自己」

這樣的你選擇的靈魂後盾是……

若你仍處於**菜鳥階段**，此生仍會因極度害怕展現懦弱而一再逞強，並容易認為「凡事獨善其身，才能一帆風順」。

這樣的你，身邊是否總是充斥著那些無視你努力變強，**持續無情壓榨你、拜託你幫忙處理麻煩事的人**，以及因你的武斷，**覺得自己不被重視、與你關係陷入膠著的人**呢？

你是否也因為害怕暴露弱點，而全力打造出「完美的自己」？但愈是偽裝，周圍的人就愈是冷淡，最終導致你與他人之間產生隔閡？

這正是靈魂的目的！為了改正「隱藏弱點、渴望活在自我世界」的慣習，最有效的方式，就是請求其他靈魂來協助你避免將自身強大的力量運用於紛爭與衝突。其實，你身邊那些令你討厭的人，都是**和你立下靈魂契約，來幫助你「理解他人裡裡外外的一切，同時讓他人理解你」，最終決意「與人和諧共處，打造幸福」的靈魂後盾**。

隨著你逐漸放下爭鬥的記憶，轉而與他人平心靜氣地溝通、互助，並接納彼此的「不同」，你原先單調的人生將變得愈來愈多采多姿。

有效擺脫靈魂慣習的5句咒語

鬥爭早已結束，不必再爭出輸贏。

與人分享，能收穫更多。

領受自己付出的回報，也付出自己領受的恩惠。

笑容、招呼與談話能促進世界和平。

和睦源自舒適的距離。

靈魂成長訓練

諸事不順時，先別急著焦躁不安，或憤而離開現場。

身為**菜鳥♎**的你，若想學習與人和平共處，就必須練習放慢腳步。請務必仔細聆聽每個人的堅持與渴望，並營造和平的氣氛，耐心與他人互相理解，而非凡事都急於追求答案。另外，也請隨時反思自己：「究竟抱持著多少成見在看待這個世界？」

你此生遇見的所有人，都是你的夥伴。只要你願意為了彼此理解而拉近距離、化解誤會，就會發現每個靈魂都渴望投注全力，互助合作。

趕緊試試吧！

傾聽商量技巧訓練
——學習從對方的視角看世界，
同時不丟失自我觀點

※註……即便只是日常對話，也請務必默默實踐。

【步驟1】

懷抱「我們是同一國」的想法與他人開啟對話，避免採取「自己／對方」這種對立的立場。在展開對談前，先輕輕深呼吸，並想像雙方都感到心滿意足、心花怒放、開懷大笑的畫面。

【步驟2】規劃對話流程，並分配時間

首先，在心中大致規劃對話的流程，並為每個環節分配時間。

①先花1／4的時間傾聽對方（如果你一開始就發言，對方可能會受到你的觀點影響，難以自在表達自己的想法）。

②接下來的1／4時間，用來表達自己的想法。

③最後的1／2時間，則用來找尋解決方案，達成共識。

【步驟3】①傾聽對方

懷抱好奇心專心聆聽對方說話（表達自己想法的技巧請見步驟4）。

請務必採取讓對方願意與自己對話的態度。

- **「點頭」**點頭可以讓對方知道你並沒有否定他的感受。請務必藉此向對方傳達「我有興趣！」「我有在聽！」的訊號，同時不打斷對方的發言。
- **「附和」**在對方說話時，請懷抱好奇心傾聽，並相信對方所說的一切都是事實，避免急於發表自己的意見。不過，在過程中可以用「嗯嗯」、「原來是這樣」、「喔～」、「是這樣啊」、「原來如此」等話語附和對方。
- **「確認對方內心的強烈情緒」**試著重複對方表達的情緒，例如：「真的很驚人」、「確實很讓人開心」、「這絕對會讓人生氣啊」、「真哀傷」等。
- **「提問」**透過提問來引導對方表達，例如：「為什麼會這麼想？」「當時你是怎麼做的？」「那時候的你怎麼想？」等。若你擅長提問，對方會感受到你真正理解他，進而更願意吐露真心話。

※註……點頭或附和對方，並不代表你必須完全認同對方的觀點。這些只是為了傳達「我理解你的感受」。

【步驟4】②表達自己的意見

事先說明：「請讓我花○分鐘分享一下我的想法」，並確實遵守時間。

接著，使用客觀中性的開場語，例如：「或許你不是這個意思，但……」、「雖然我不太清楚實際情況……」、「當時我是這樣想的」、「我的看法是……」等，能讓對方更願意聆聽你的發言。

【步驟5】③找尋解決方案，達成協議

先詢問對方：「你覺得怎麼做比較好？」「你堅持的部分是什麼？」「你無法讓步的是哪裡？」「你希望怎麼處理？」「有沒有我們彼此都能接受的做法？」而不是直接提出你腦中的解決方案。

在傾聽對方的想法之後，可以提出你認為可行的方案，但請不要急著下結論。當預定的談話時間即將結束時，暫時中斷對話，並告訴對方：「我們先各自想一想，下次再談！」（因為有些人需要時間思考，才能真正同意）。

之後，建議你可以與信任的人討論（記得替對方保密、匿名）。從他人的角度看世界，也許能讓你發現自己從未留意過的觀點。

※註……本章節內容僅為協助你與他人愉快交談的基本要點。世上仍有許多關於「傾聽」、「協商」、「表達」等技巧的資源，提供更深入詳盡的說明。若能善加學習，必定能拓展出更寬廣的世界。

痛苦時的自我療癒法

- 前往能夠滋養身心的場所（如美髮院、按摩館、美容院、美甲沙龍、精品店、心理諮商診所等，男女皆適用）。
- 接觸真正的藝術。

今生課題 高手等級

平衡者 ♎

當你完成今生課題後，將會進化為平衡者。不僅能對自己的人生感到心滿意足，也能以真實的模樣與旁人和樂共處。

今生課題完成度檢測表

★經常這樣想，時常這樣做……A（10分）

★偶爾這樣想，有時這樣做……B（5分）

★不太會這樣想，幾乎不這樣做…C（1分）

合計分數＝平衡率（今生課題的完成度）

隨著完成度提升，你將能享受靈魂在靈界預先設定的「稀有物品」、「獎勵」、「派對」或「活動」等。（請參閱第34頁靈魂之路地圖）

0～49%……感覺痛苦多於歡樂，缺乏自由。這是靈魂為了避免你重蹈前世覆轍所做出的設定。

50～89%……即便遭逢不順，也能迎刃而解，並相信這樣的經歷正是在打造美好人生。

90～100%……明白生活中大多數事件對自己有何益處，因此即便艱辛困苦，也能懷抱喜悅。此外，也能自由修正前進的方向，感覺人生自由奔放，總是能心想事成。

檢測表在下一頁！

平衡者♎
今生課題　完成度檢測表

【明白無時無刻都能締造和平】
相信只要能與他人共享彼此眼中的世界，面對任何爭執時都能締造和平，一切端看彼此是否願意換位思考。 □

【明白生氣的人往往懷有煩惱】
能看見他人真正的痛苦，而非只停留於表面的氣憤，並明白只要願意與對方一同思索自己能夠給予的協助，幸福便會悄然降臨。 □

【明白笑容是最棒的禮物】
明白「毫無惡意與盤算」的笑容、招呼與閒話家常，是能夠贈與任何人的「禮物」，而且只要這麼做，就能溫暖世界。 □

【能站在對方的立場傾聽對方的發言】
能從對方的角度出發，認真傾聽其看法與心情，而非總以自身視角切入。 □

【能客觀表明自己的脆弱】
明白像訴說他人之事一般，勇敢說出自己的不安，對於彼此理解將有實質幫助。 □

【能在領受與付出之間取得完美平衡】
明白過度領受或過度付出所造成的失衡，將導致負面的能量流動，因此不會接受超出自己貢獻價值的回報，也不會給予超過所收穫的付出。 □

【明白世間本無對錯之分，一切皆為光榮的存在】
明白爭辯對錯只會引起紛爭，分出勝敗卻無法讓所有人滿足，因此總是努力營造自己與他人皆心滿意足的繁榮社會。 □

【不允許他人依賴自己】
致力於與他人建立互相貢獻一己之力的互助關係，而非形成單方面倚賴的依附關係。 □

【明白只要花時間，就能締造舒適與和諧】
珍惜來自不同背景的人們之間的理解、妥協與讓步，一步一步便能締造出和諧優雅的時光。 □

【期望人們能夠互相幫助、支援，共創繁榮】
相信只要彼此視對方為夥伴，人們自然會期許自己在狀況允許時盡力協助，共創繁榮。 □

合計分數（平衡率）　□ %

今生課題 導師等級

和諧大師 ♎

歷經好幾世不斷修習此課題，
將能進化為和諧大師，晉升為眾人的導師。
此時，你將會認為，為人類與地球生命付出，
比為個人目的而行動更具意義。

教導人類溫和融合並活用差異

已經完全拋棄「不安」與「恐懼」的**和諧大師♎**，能夠成為世人的導師，並自由融合內心的——

「衝突」與「和諧」
「獨自」與「合作」
「給予」與「領受」
「剛強」與「溫柔」
「對立」與「共榮」

這兩股能量，進而孕育出煥然一新的力量，為地球建造和平穩固的平衡。

此外，你也能幫助投胎至地球的靈魂眾生善用自身特質，一同締造美麗的和諧。

龍頭 天蠍座

前世

你在前世一直反覆執行這些事！

因懷有過多渴望而總是欲求不滿

你為了過上舒適的生活，
長年默默耕耘，
最終卻迎來不甚滿足的乏味人生。

你在眾多前世中，總是為了逃離不安的生活，焚膏繼晷地工作，過得十分辛苦。

為了滿足自己無止盡的渴望，你每日殷勤不懈、努力進取，但當你終於得以過上舒適的日子時，卻變得貪得無厭。

明明看似過著不錯的生活，卻總是覺得欲求不滿。

於是你不禁疑惑：「我原本應該很幸福的，怎麼會變成這樣呢？」

得擁有更多金錢、房子、食物和衣服，才能安心。
明明擁有這麼多，卻仍心有不滿，為什麼呢？

【你在前世可能是這樣的人】

專心工作的農夫／拚命賺錢的成功富豪／持續擴建土地、增加作物與家畜的農場主人／認真守護家族財產的貴族／自幼幫忙打雜、以實力繼承老字號商店的老闆／自幼開始學技的工地主任／白手起家的名建築師／從實習生一步步升格為達人的師傅／窮盡一生管理祖產的地主

經歷太多，靈魂已經受夠了！
——靈魂的心聲

我在前世總是努力不懈，只為追求「舒適的環境」，打造**「豐盛、安定的生活」**。

然而，總是心想「必須獲得更多才能安心」、「必須小心謹慎以防失去」、「目標是過上靡爛奢侈的生活」的我，卻因為太過專注於追求舒適人生，而逐漸忽略了周遭的人事物。

當大家因為我「腳步太慢」而氣憤地催促我時，我只想請他們放過我！

畢竟如果我失敗了，只有我自己需要承擔責任，而且俗話說：「欲速則不達！」

儘管他人告誡我「必須好好傾聽他人」，我仍然覺得自己的方式才是最棒的……

討厭的事情

遭人催促、麻煩事、儲蓄與財產減少、貧窮。

嘴上雖然說：「人們常說必須持續進化改變，但如果凡事不斷變動，一切不是會變得很不安穩嗎？」卻又沒有自信指出什麼是真正「永恆不變」的。

正因如此，我總是希望自己能保持不變，但事實上，我只是一～再重複做著相同的事情而已。

哎呀！其實我最討厭這個**「乏味無趣的自己」**了！

跳脫前世的無限輪迴吧！
——這些慣習會阻礙你的揚升！

「擔心匱乏」……你在眾多前世裡總是缺乏金錢與資源，無法擁有一般人正常的生活與待遇。

「害怕失去」……過往的你認為，只有那些靠自己經年累月、夜以繼日積攢而來的事物，才能守護自己的人生。

「畏懼失敗」……你曾目睹他人因冒失與衝動而毀掉人生，因此將冒險與挑戰視為人生禁忌。

「認為與人交流只會徒增負擔」……在眾多前世裡，你一旦與人互動，就常會招惹不必要的麻煩。

龍頭 天蠍座

靈界

你的靈魂在和眾多聰明前輩討論後，決定選擇這張藍圖！

與靈魂伴侶品嘗和諧共處的滋味

※請參閱「靈魂之路地圖」（第32頁至第35頁）

先精進前世擅長的技能吧！

你對於

「運用感官製造美麗事物的能力」

十分出色！

能用眼、耳、鼻、口與肌膚感受到「無違和感」的事物，才是真正有價值的。
若感覺有些「違和」，
就耐心等待能夠接納它的那天到來。

總是像這樣堅決朝目標邁進的你，打造撼動人心美麗事物的能力簡直一流！你在眾多前世中，總是運用這份能力，創造名留青史的藝術品或建築，並藉此貢獻社會。

只是，一個人的力量終究有限。因此，如果你能在今生學會結合自身的能力與**「他人的能力」**，將能創造出「超乎想像的美好事物」，不僅會更加輕鬆，還能收穫無以計量的感動。

靈魂的今生目標清單

——在接下來的人生裡，
你將會開闢哪些「嶄新自我」呢？

- 明白懷抱愛意放手一些事物，將能迎來更美好的收穫。
- 體驗以最微薄的力量，創造最巨大的成效。
- 明白釋放能量所帶來的影響。
- 透過融合他人的能量，獲得無限感動。
- 了解心靈的能量。
- 如同運用物質的能量一般，學會激發他人蘊藏的潛力。
- 嘗試運用「變化」所帶來的龐大力量。
- 體會付出所帶來的加倍回饋。
- 學會調和身、心與靈。
- 明白帶給他人幸福，是世上最幸福的事。

此生決定要進化成這副模樣！

- 學會放下那些消耗自身能量的人事物！
- 與靈魂伴侶和諧共處！
- 深入學習心靈能量！
- 透過集中釋放能量，有效達成目標！
- 學會先付出，再迎接回報！
- 開發他人的潛力！
- 運用變化的能量，進化成更靈活的靈魂！

來自宇宙的訊息

你為了追求「豐盛舒適的生活」，默默經歷了許多場人生，然而，人們卻無法與如此努力生活的你產生心靈共鳴。即便如此，內心仍感匱乏的你，仍選擇在後續的眾多人生中，不停追求豐盛。

如今，眼前這一切滿溢的豐盛，正是你累世努力的成果。因此，接下來，請以此為基礎，與他人締結獨一無二的羈絆，進而創造出豐盛的奇蹟！

我深深期待你靈魂戲劇化的揚升。

龍頭 天蠍座

今生

今生課題（挑戰）
喚醒沉睡自我的
通關密語

找回「靈魂羈絆」

第一次有這樣的感覺……
體驗身、心、靈合一與精神世界吧！

體驗「與靈魂伴侶和諧共處」……體驗與重要之人的靈魂深度交流。

結合他人的能量共同創造新事物……與他人達成身、心、靈的合一，共同打造理想的現實。

明白釋放能量的效果……體驗「付出」所帶來的加倍回饋。

知曉「變化」與「破壞」的優點……學會掌握這兩股難以招架的能量。

每當你遇到困難時，總以為只要彌補匱乏，問題就能迎刃而解，並期望一切照著自己的步調發展。

因此，你的靈魂設計了一道機制，當你獲得渴望的事物時，反而會心生不滿與罪惡感。你愈感不安，就愈加飢渴；但即使得到了渴望的東西，也難以真正安心。

其實，這正是靈魂希望你與他人交流的訊號。此時，請試著詢問你所信任的重要他人內心是否有煩惱，並找出自己能幫得上忙的地方，實際付諸行動。當對方向你道謝時，你也可以藉機分享自己的不安。你的靈魂正計畫藉此機會，讓你與重要的他人攜手跨越重大關卡，徹底拋開舊有的自我，重獲新生。

肯定也會有許多人受到你的啟發，選擇改變自新，浴火重生。

今生課題
新手等級
菜鳥 ♏

菜鳥仍深受前世影響，並且尚未明白今生課題，活得十分辛苦。

困擾靈魂的慣習

每個人在青春期前
都會不斷複習前世靈魂的慣習

你在前世深信，只要不停彌補匱乏，就能永遠過上安定舒適的生活。於是，你總是不顧旁人眼光，持續默默擴充資產。然而，你卻因此逐漸喪失從事其他事情的餘裕與時間，導致自己在不知不覺間變得無法與人交心。甚至有些人認為，深信「只要富足就能一帆風順」而一味埋頭苦幹、無視他人話語的你，既「頑固」、又「遲鈍」，甚至「唯我獨尊」，而你的內心也因此累積了龐大的「厭倦」。

靈魂後盾

只要彌補匱乏就能感到安心
這樣的你選擇的靈魂後盾是……

若你依舊處在**菜鳥**階級，今生的你仍會極度害怕「匱乏」，渴望獲得一切，並且在遇到瓶頸時，容易認為只要填補匱乏，就能一帆風順。

這樣的你，周圍是否充斥著——當你獲得價值連城的東西時，總會**激起你更多不安與空虛的人**？還有那些**擁有無法透過物質豐盛來解決的人際關係問題與心理狀況的人**？

此外，你是否也因為討厭陣腳被打亂、害怕惹上麻煩，而拒絕與人深交？卻又在深陷危難時，因與眾人疏離而感到痛苦？

這正是靈魂的目的！為了改正「凡事渴望自行解決」的慣習，最有效的方式就是尋求其他靈魂的協助，讓你只能透過與人共創能量來獲得滿足。其實，你身邊那些令你感到討厭的人，正是**和你立下靈魂契約、前來幫助你「拋開舊有的頑固自我」，並學會「透過與人和諧共處來打造嶄新自己」的靈魂後盾**。

在這之間，你將實際感受到與人共創的無限能量，並拋開從前世累積至今的包袱，讓停滯的人生在一瞬間重新恢復生機。

有效擺脫靈魂慣習的5句咒語

從動機就能明白一個人值不值得相信。
務必全力支持心愛之人。
付出的一切肯定都會回饋到自己身上。
若渴望更上層樓，就必須接受改變。
想要羽化成不死鳥，就得勇於「破壞」。

靈魂成長訓練

諸事不順時，先別急著立即彌補匱乏，或執著採用自己的作法。

身為**菜鳥♏**的你，若渴望找回「靈魂羈絆」，就必須深刻理解對方的需求，為對方付出，並避免獨自解決問題。由於身為**菜鳥♏**的你，容易認為「自己絕對能想出最佳方案」，因此若能養成詢問對方解決方法與渴望的習慣，不僅能獲得意外的解法，也能讓對方感受到被重視，進而願意協助你滿足願望。

人們不僅容易誤以為眼前的事物永遠不會消失，也常會忘記自己真正渴望達成的目標與重要的事物。為了避免在失去後才後悔莫及，請盡可能在今生持續懷抱一顆珍惜的心。

趕緊試試吧！

度過精采餘生訓練
——保有今生終會終結的意識，精采地度過餘生

【步驟1】

想像**「自己染上未知病毒引發的流行病，壽命只剩一年」**。

不過，即使染上此病，你仍能正常生活，直到臨終前一刻；而死時也將毫無病痛地離世。

※重點……務必生動想像此情景。

請在紙上寫下十二個月份，並完整列出這十二個月裡希望達成的目標、渴望傳達的話，以及想去的地方。請盡可能詳細安排日期，認真地書寫。也請寫下自己死後各項事宜（如家當、財產、儲蓄、資料、回憶、工作交接等）的處理方式。

（請在寫完之後再看下一個步驟。）

【步驟2】想像壽命只剩最後半年

拿出另一張紙寫下六個月份，並完整列出這六個月裡希望達成的目標、渴望傳達的話，以及想去的地方。

（請在寫完之後再看下一個步驟。）

【步驟3】想像壽命只剩最後一個月

再拿出另一張紙，寫下三十天，並完整列出這三十天裡希望達成的目標、渴望傳達的話，以及想去的地方。

（請在寫完之後再看下一個步驟。）

【步驟4】想像壽命只剩最後一週

再拿出另一張紙，寫下七天，並完整列出這七天裡希望達成的目標、渴望傳達的話，以及想去的地方。

（請在寫完之後再看下一個步驟。）

【步驟5】想像壽命只剩最後一天

再拿出另一張紙，寫下二十四小時，並完整列出這二十四小時裡希望達成的目標、渴望傳達的話，以及想去的地方。

（請在寫完之後再看下一個步驟。）

【步驟6】想像死前的最後一刻，你最想對誰說什麼？

再拿出另一張紙，寫下現在，以及任意一個人的人名與你想說的話。

（請在寫完之後再看下一個步驟。）

【步驟7】想像與今生告別的畫面

一邊想像自己輕飄飄地離開了身體，俯視著躺臥的自己，一邊拿出最後一張紙，寫下「今生尚未完成的事」，以及「來世想嘗試的事」。

（請在寫完之後再看下一個步驟。）

——在上述步驟完成之前，千萬不能偷看接下來的內容！——

【步驟8】使用這份列表

將步驟7以外的內容，按照6→5→4→3→2→1的順序反轉排列並張貼。這份排列好的內容，就是「避免今生遺憾，最該優先實現的願望清單」。接著，請立即依照這個順序，在各項目所設定的時間內完成上頭列出的事項。

其實，你在死前最想做的事與最想說的話，不僅對你來說最為重要，也會成為推動你向前邁進的「原動力」。請依照順序實現這些願望，讓自己羽化重生吧！

而步驟7所寫下的內容，其實就是你「今生的考驗／尚未實現的願望」。若這些事未能完成，你將無法望見靈魂為你安排的下一張藍圖。當時機來臨，請毫不猶豫地把握住，逐一實行吧！

痛苦時的自我療癒法

- 想像可以信賴的人正在安撫你痛苦的情緒。
- 容許自己無止盡地墜落，直到抵達深淵盡頭（見到谷底後，你將如同掙脫枷鎖般感到輕鬆）。

今生課題 高手等級 平衡者 ♏

當你完成今生課題後，將會進化為平衡者。不僅能對自己的人生感到心滿意足，也能以真實的模樣與旁人和樂共處。

今生課題完成度檢測表

★經常這樣想，時常這樣做……A（10分）
★偶爾這樣想，有時這樣做……B（5分）
★不太會這樣想，幾乎不這樣做…C（1分）

合計分數＝平衡率（今生課題的完成度）

隨著完成度提升，你將能享受靈魂在靈界預先設定的「稀有物品」、「獎勵」、「派對」或「活動」等。（請參閱第34頁靈魂之路地圖）

0～49％……感覺痛苦多於歡樂，缺乏自由。這是靈魂為了避免你重蹈前世覆轍所做出的設定。

50～89％……即便遭逢不順，也能迎刃而解，並相信這樣的經歷正是在打造美好人生。

90～100％……明白生活中大多數事件對自己有何益處，因此即便艱辛困苦，也能懷抱喜悅。此外，也能自由修正前進的方向，感覺人生自由奔放，總是能心想事成。

檢測表在下一頁！

平衡者♏
今生課題　完成度檢測表

【能運用最微薄的力量獲取最大功效】
總是能藉由反覆模擬，在最恰當的時機發揮最佳表現達成目標，迅速取得勝利。

【重視心愛之人勝過自己】
不僅希望竭盡所能地為對方付出，也能坦然接納對方由衷的感謝與餽贈。

【明白付出動機的重要性】
明白任何形式的付出終將回饋到自己身上，所以比起付出的內容，更重視付出的目的。

【能慎選值得深交的夥伴】
懂得挑選值得自己傾心付出、也能真誠回應的人，並與他們建立穩固而深厚的情誼。

【明白變化是無趣的解藥】
明白「無趣」是停止進化的徵兆，而唯一的解藥正是「接受改變」。

【明白破壞是重生的第一步】
明白若想大幅躍升，就必須懷抱感恩的心，破壞一切既有事物，重生成嶄新模樣。

【能以光明的視角審視黑暗面】
總是能以光明的眼光看待他人隱藏的黑暗面，並相信這片充滿養分的泥地，終將綻放出美麗的蓮花。

【擁有靈魂伴侶】
擁有一位你渴望深入了解其內心深處，並願意包容一切的靈魂伴侶；當你敞開內心時，他也能接納你的全部。

【擁有與你靈魂共振的特別之人】
擁有一位與你一同跨越無數難關、擁有相似「喜好」、「期望」與「價值觀」，甚至彼此界線模糊的特別之人。

【明白所有經驗都有正反兩面】
明白再怎麼令人厭惡的人或經驗也必有其優點，而再怎麼美好的人與歷程也不可能毫無缺點，所以總是努力讓自己保持中立、面面俱到。

合計分數
（平衡率）　　%

今生課題 導師等級

和諧大師 ♏

歷經好幾世不斷修習此課題，將能進化為和諧大師，晉升為眾人的導師。此時，你將會認為，為人類與地球生命付出，比為個人目的而行動更具意義。

引領靈魂和諧共處，促成人類意識的巨幅轉變與重生

已經完全拋棄「不安」與「恐懼」的**和諧大師♏**，能夠成為世人的導師，並自由融合內心的——

「保留」與「付出」
「積累」與「破壞」
「維持」與「變化」
「分離」與「融合」
「自己」與「他人」

這兩股能量，孕育出煥然一新的力量，修復並活化地球萬物與精神能量。

此外，你也能鼓勵投胎至地球的各個靈魂彼此交和諧共處，以迎向戲劇性的轉變與揚升。

龍頭 射手座

前世

你在前世一直反覆執行這些事！

因太過世故而失去自由

你在個性鮮明的人群裡試圖表現圓滑，結果卻因為太過世故而失去自由

你在眾多前世裡，總是因為身旁圍繞著各式各樣的人物與想法，而時常在混亂之中掙扎求存。

為了圓融處事，你努力與各種人打交道，經常一邊察言觀色、閱讀空氣，一邊蒐集話題與資訊，同時處處留心，設想應對之道。只是，回過神來，卻發現自己因為太過世故而失去了自由。

表現得八面玲瓏，不僅無法表達真正心聲，最後還只能與對方反覆談些無關緊要的膚淺話題。

嗯嗯！我懂！真的是這樣～
雖然並非謊言，但也不是我的真心話。會這樣說，只是因為你希望聽到這些話而已。

【你在前世可能是這樣的人】

在大型港鎮倖存下來的孤兒／於大型劇場製造眾多歡笑的知名諧星／出入皇宮的吟遊詩人／在住有多國居民的地區經商的成功商人／時常爆發各種宗教戰爭地區的居民／桃李滿天下的小學老師／報社記者／流行雜誌編輯／統領本家、分家等眾多親屬的家族中心人物

經歷太多，靈魂已經受夠了！
——靈魂的心聲

我在前世總是為了打造**「眾人頻繁交流的多元社會」**，努力「交換資訊」。

只是，在我四處向人打探情報，一邊說著：「確實如此，真的非常厲害！」「你的看法呢？」「A認為是這樣，B卻說那樣比較好，不然去問看看C老師好了」的同時，卻也愈來愈搞不清楚真相。

大家都想說什麼就說什麼，拜託可以克制一點嗎？為了迎合每個人的想法，我自己都混亂了！雖然大家都稱讚我能跟任何人打成一片，但其實我和誰相處都不自在（笑）……只是我絕對不會表現出來。

討厭的事情

遭到孤立、被蒙在鼓裡、遭人無視與誤會、拘謹的氛圍。

嘴上雖說：「人們都說要忠於自我，但如果雙方都唯我獨尊，不就常常會起衝突嗎？」結果回過神來卻發現，自己因為太過迎合他人，反而變得隨波逐流。

其實，我總是因為過度顧慮某人的意見、資訊、說法、時機、立場，甚至他和某人的關係等，腦袋幾乎轉不過來。

哎呀！我最討厭這樣**「被資訊轟炸的自己」**了！

跳脫前世的無限輪迴吧！
——這些慣習會阻礙你的揚升！

「缺乏資訊而不安」……你在眾多前世裡，總是因為沒能掌握資訊而無法存活。

「害怕遭人誤解」……過往的你認為，只要一被誤會，人生就會一團亂，所以總是千方百計避免產生誤解。

「討厭被人孤立」……你在前世總是透過努力跟上各種話題、與每個人交流，來保護自己。

「不明瞭真正的自己」……過去的你雖然能與任何人打交道，卻無法理解真正的自己與真實的心聲。

你的靈魂在和眾多聰明前輩討論後，決定選擇這張藍圖！

追求自由與智慧的探求真理之旅

※請參閱「靈魂之路地圖」（第32頁至第35頁）

先精進前世擅長的技能吧！

你對於**「溝通的能力」**十分出色！

若未依循對方的節奏，
以對方能理解的語言，
在對方方便聆聽的時機表達想說的話，
就無法有效傳達自己的想法！

總是能像這樣在察言觀色、閱讀空氣之後調整待人態度的你，配合對方改變溝通方式的能力簡直一流！

你在眾多前世裡，總是運用這份能力，幫助人類相互理解，促進人類發展。

不過，一旦內心缺乏「絕對無法撼動的真理」，將無法展現出強大的說服力。

因此，若你能在今生不受他人言語左右，擁有強烈的**「自我意志」**，便不會手足無措、失去方向，也能無視旁人的反應，自由自在地生活。

靈魂的今生目標清單

——在接下來的人生裡，你將會開闢哪些「嶄新自我」呢？

- 依循直覺立即行動，並獲得滿意的成果。
- 一五一十地表達所有心聲。
- 放膽過生活，不必在意枝微末節。
- 盡情投入感興趣的事物。
- 過上如大自然或動物般的簡單生活。
- 保持光明正向。
- 跨越與他人之間的差異，發掘許多「珍貴」。
- 自由自在、無拘無束地行動。
- 過上充滿冒險的人生。
- 即使不加思索，也有偉大的力量引導前行。

此生決定要進化成這副模樣！

- 運用直覺與靈感，獲得高維度的支持！
- 忠於自我，不強忍、不矯飾，坦然地生活！
- 依循心靈與身體的渴望，自由地行動！
- 享受獨處的時光，讓自己回歸自然！
- 無論遭逢何事，都要「光明」、「舒適」且「正向」地活下去！
- 放膽四處冒險！
- 向高維度的偉大存在學習，而非拘泥人類現有維度！

來自宇宙的訊息

你為了建立「打破分歧、共融共生的社會」，經歷了許多場人生。然而，人們卻對夾在人群之中左右為難的你掉以輕心，無法信賴你。儘管你備感內耗，卻仍舊在往後的人生裡堅決打造和諧的社會。

現今，所有人際交流帶來的恩惠，都是你累世開拓的成果。因此，接下來，輪到你以此為基礎，深入連結更高版本的自我了！

我非常期待你靈魂深刻的揚升。

龍頭　射手座

今生

今生課題（挑戰）

喚醒沉睡自我的通關密語

找回與「偉大智慧的連結」

原來如此深刻又簡單！以自由心靈之旅，找出最耀眼真相吧！

嘗試體會「廣闊的視野」……連結高維度的智慧，以全新的視野體驗世界。

享受真正的自由……享受身、心、靈的自由。

學習滿懷「正向能量」……學習懷抱希望與樂觀的方法。

知曉「直覺」與「信任」的優點……探索這兩股未知的能量。

遭逢不順時，你總是認為「自己絕對能順利解決問題」，但事實上，那不過只是權宜之計，並非能真正解決根本問題的方法。

因此，你的靈魂設計了一道機制，讓你在渴望自行化解危難時，腦袋變得僵硬、身體變得沉重。你是否曾因腦中充滿各種資訊與猜想而感到窒息？又或因為想太多而覺得寸步難行？此時，請放輕鬆，接受高維度能量的幫助吧！你的靈魂早已安排好，只要你放下想要自行解決一切的執念，並相信一切都能順利進行，高維度的智慧便會透過直覺與靈感等自然且輕鬆的方式，為你開闢最適合的道路。

站在人生十字路口的人，看到這樣的你，也必定能自然體會「瀟灑生活的喜悅」。

今生課題
新手等級
菜鳥 ♐

菜鳥仍深受前世影響，並且尚未明白今生課題，活得十分辛苦。

困擾靈魂的慣習

每個人在青春期前
都會不斷複習前世靈魂的慣習

你在前世裡，身邊總是環繞著性格鮮明的人。儘管飽受折磨，你仍能與每個人維持不錯的交情。深信「配合對方改變溝通方式的技能與資訊十分重要」的你，往往會調整自己的表情、動作、口氣與態度，來自在交流資訊、維繫關係。然而最後，你卻因為筋疲力盡，展現出矛盾的言行，導致自己失去眾人的信賴，甚至被一些人認為「善變」、「愛撒謊」、「個性馬虎」。而你的內心深處，也逐漸累積了強烈的「無力感」。

靈魂後盾

凡事一體兩面！該展現哪個自我才不會被孤立呢？
這樣的你選擇的靈魂後盾是……

若你依舊處在**菜鳥**階段，你仍會在此生因極度害怕遭到孤立，而下意識渴望掌握全局。你經常認為，只要能取得所有資訊，同時發揮高超的溝通能力、制定應對策略、隨機應變，便得以掌控一切。

這樣的你，周圍是否總是充斥著那些——無論你多麼努力收集資訊，**都會用更複雜的資訊擾亂你的人**？或者是那些，因為**意外或出乎意料的誤解**，而毀了你手中所有資訊、戰略與成果的人呢？

此外，你是否明明對自己傳遞資訊的技巧滿懷自信，確信自己能夠有效修飾態度，靈活配合他人與情境，自在轉換口氣，與他人相談甚歡，卻又失去了**能夠察覺「些微不真誠」的人**對你的信賴呢？

這正是靈魂的目的！為了改正「為了立即掌控一切而靈活扮演不同自我」的慣習，最有效的方式就是請求其他靈魂的協助，讓你無論做什麼都無濟於事。其實，你身邊那些討人厭的人，都是**與你立下靈魂契約，要幫助你「找回真實的自我」，並決意「連結偉大智慧」的靈魂後盾**。

某天，當你放棄掌控一切時，你將能達成宇宙交代的目的與計畫，以自然的模樣，感受真正的自由。

有效擺脫靈魂慣習的5句咒語

跟隨偉大智慧傳遞的直覺。
百分之百忠於自我，絕不撒謊矯飾。
回歸自然，向自然學習。
「寂寞」是自由的摯友。
盡人事，聽天命。

靈魂成長訓練

諸事不順時，先別急著因擔心而渴望掌握一切，或因悲觀而半途而廢。

為了讓身為**菜鳥♐**的你相信「凡事皆為命中注定」，你必須練習觀察每件事情的原貌。

看似美好的事情，肯定都藏有壞處；而看似差勁的事情，鐵定也懷有優點。請在善加觀察每件事情的好壞之後，跟隨直覺做決定。身為**菜鳥**的你，容易依循眼前的利益或他人的眼光做決定，但這麼做，只會讓自己變得拘謹。

因此，請務必「自由地」選擇「靈魂能夠感到快樂」，並且「可以成長學習」的道路。當你做出符合這三項條件的決定時，你絕對不會反悔。

趕緊試試吧！

緞帶訓練
——觀察事物的原貌，並自由選擇觀察面向

練習把一個人的個性想像成一條緞帶（有左端、中間段與右端），而非如硬幣一樣只有正反兩面。

【步驟1】

先試著把事情想像成一枚硬幣，以正反兩方看待此事。

（例）正……**光明**、反……**黑暗**等。

（那個人外表開朗，內心卻很黑暗）

（那個人個性粗魯，內心卻很溫柔）

※註……在執行此步驟時，容易將某部分的個性（如開朗的個性）視為正面，反之則視為負面。若以「正面為正、負面為反」的方式來檢視的話，將難以接納其原貌，務必小心注意。

【步驟2】

再試著把事物想像成緞帶，以左端、中間段、右端三個位置來分析事物。

（例）個性**優柔寡斷**。

優柔寡斷的緞帶

・右端……此個性容易帶來困擾。

（例）**因為優柔寡斷而無法做出重大決定，導致錯失機會。**

・中間段……擁有此個性也無妨。

（例）**儘管優柔寡斷，也不會帶給他人困擾，下不了決定也沒關係。**

・左端……此個性能夠帶來幫助與好結果。

（例）**多虧自己優柔寡斷，才能因為猶豫而沒搭上發生事故的公車。**

任何事情都會產生「好結果」及「壞結果」，也都擁有中庸的一面。因此，重點不在於我們聚焦於「哪個面向」，而是我們選擇看待事情的角度。

【步驟3】找出討厭的個性所帶來的好處

儘管討厭的個性會帶來困擾（緞帶右端），但也請試著找出可能因此萌生的好處。

（例）雖然「優柔寡斷容易無法做出重大決定，導致錯失機會」，但或許「我會在下一次的挑戰中遇見更適合自己的機會」，又或者「回過頭來看，我會認為自己因深思熟慮而錯失機會，其實是正確的選擇」。

【步驟4】為討厭的個性取上新名

找尋「其他字眼」，來描繪此個性能夠帶來幫助與好結果（緞帶左側）的特質。

（例）「優柔寡斷」→慎重、設想全面、富有想像力、高瞻遠矚、深思熟慮 等。

【步驟5】運用此個性的新名字

①試著用步驟4的字詞來介紹自己。

②當他人說自己「優柔寡斷」時，提醒他也是名「慎重、設想全面且富有想像力的人」，或許能讓對方發現此個性中未曾察覺的「優點」。

【步驟6】

請別忘記，每個人都可以自由選擇以「左端」、「右端」，或是中庸的「中間段」來看待事情。因此，請經常在腦海中浮現緞帶的「兩端」，並轉換成得以平復心情的視角。當你能看見眼前「好事」與「壞事」背後隱藏的本質，就能以中立的心態，迅速接收來自高維度的訊息。

另外，請盡可能在生活中減少發言，因為說得越多，愈容易偏離本質。也請謹記，假笑也是一種謊言。

痛苦時的自我療癒法

- 來場毫無規劃的旅行。
- 成為自然的一部分，悠遊於大自然之中。

今生課題 高手等級

平衡者 ♐

當你完成今生課題後，將會進化為平衡者。不僅能對自己的人生感到心滿意足，也能以真實的模樣與旁人和樂共處。

今生課題完成度檢測表

★經常這樣想，時常這樣做……A（10分）

★偶爾這樣想，有時這樣做……B（5分）

★不太會這樣想，幾乎不這樣做…C（1分）

合計分數＝平衡率（今生課題的完成度）

隨著完成度提升，你將能享受靈魂在靈界預先設定的「稀有物品」、「獎勵」、「派對」或「活動」等。（請參閱第34頁靈魂之路地圖）

0～49%……感覺痛苦多於歡樂，缺乏自由。這是靈魂為了避免你重蹈前世覆轍所做出的設定。

50～89%……即便遭逢不順，也能迎刃而解，並相信這樣的經歷正是在打造美好人生。

90～100%……明白生活中大多數事件對自己有何益處，因此即便艱辛困苦，也能懷抱喜悅。此外，也能自由修正前進的方向，感覺人生自由奔放，總是能心想事成。

檢測表在下一頁！

平衡者 ♐
今生課題　完成度檢測表

【能立即將直覺與靈感化為行動】
明白突然降臨的直覺與靈感最為準確，能帶領你展開精采的冒險，因此總是毫無遲疑地立即將其付諸行動。

【每天都悠遊自在】
能在渴望迸發時，毫無拘束地於渴望的時間、渴望的地點，如渴望般地達成渴望，並於厭倦時立即停手。

【明白真誠最為重要】
明白再小的謊言都會消耗能量，因此即便會讓對方不愉快，或讓現場氣氛變得凝重，也都願意（懷著愛）坦露真相。

【明白隨處都有希望】
從親身經歷中明白逆境往往能孕育機會，因此總是忍不住興奮地期待挫折降臨。

【懂得向自然學習】
明白萬物皆有生命，只要跟隨自然，便能回歸野性、擴展視野，回想起自己最初的模樣，所以在迷惘時，往往能向自然學習。

【崇尚孤獨】
覺得遠離眾人思緒的獨處時光，往往能回歸最自然的狀態，舒展並放鬆身心，所以將其視為無可取代的珍貴時光。

【能不拘小節】
明白拘泥固執的人，只能憑藉狹小自我的過往經驗得出結論，因此總能放輕鬆地允許自己多方嘗試任何可以改善現況的方法。

【能保持光明正向】
明白以光明正向的角度看待事情，比把事情複雜化更能事事順心，因此總是抱持此心態，簡化事情（譬如撞到了頭，可以一笑置之）。

【依循偉大智慧的領導】
明白只要拋開渺小人類的思維，學習浩大的真理與智慧，跟隨靈感，便容易迎來超乎預期的成果。

【能夠學會順流】
凡事盡力而為，認真投入其中，並在疲倦時學會順從宇宙之流，相信事情終會水到渠成。

合計分數
（平衡率）　　　　%

今生課題 導師等級

和諧大師♐

歷經好幾世不斷修習此課題，
將能進化為和諧大師，晉升為眾人的導師。
此時，你將會認為，為人類與地球生命付出，
比為個人目的而行動更具意義。

帶領人類擁抱全然的自由與真相

已經完全拋棄「不安」與「恐懼」的**和諧大師♐**，能夠成為世人的導師，並自由融合內心的——

「理論」與「直覺」
「控制」與「自由」
「懷疑」與「信賴」
「社會」與「自然」
「人類」與「偉大存在」

這兩股能量，孕育出煥然一新的力量，引領物質世界擁抱高維度心靈能量。

此外，你也能帶給投胎至地球的靈魂眾生真理、貨真價實的學習，以及成長所需的自由，引領他們獲得喜悅。

龍頭 摩羯座

前世

你在前世一直反覆執行這些事！

因心思太過細膩而庸人自擾

習慣接住旁人情緒的你總是深受其擾，卻又與他們互相廝守

你在眾多前世裡，大多都和固定的一群人待在一起，與社會近乎脫節。

你總是努力實現這些親朋好友的心願，時常忙於家事、育兒，以及照顧出外工作的另一半。而在這之中，你卻也因為心思過於細膩，而容易庸人自擾。

細水長流的幸福固然重要，但當你看見自己在這個封閉又安全的世界裡被理所當然地使喚與利用，內心壓抑的情緒彷彿隨時都要爆炸！

我收到大家的心願了，我會逐一幫忙實現的！
大家也多多理解我的心情，當作回報吧！

【你在前世可能是這樣的人】

住在偏遠地區的透天厝、生活只有家人的人／長年臥病在床的人／擁有先天缺陷、需終生接受居家照護的人／代代相傳的廣大農場繼承人／另一半佔有欲強的人／保守的名門貴族小孩／有錢家庭的千金大小姐／繼承祖傳傳統技藝的大師／多代同堂的大家庭媳婦

經歷太多，靈魂已經受夠了！
——靈魂的心聲

我在前世總是努力「支持心愛之人」，以打造**「永遠互助的家庭」**。

只是，每當我一心只替親朋好友著想，心中浮現「我對這群人瞭若指掌」、「就算全世界與我為敵，至少還有另一半與我為伍」、「無論發生什麼事情，只要彼此待在一起，就能迎刃而解」這些想法時，就會忽然忘卻人生的意義。

明明日日夜夜都在意著這群人，光是看對方的臉色就能察覺異樣，卻還是被大家惱怒地說我「過度關心」，實在太過分了吧！真是令人難過！明明我為了大家這麼努力！

討厭的事情

受到傷害、忘恩負義、新交際與新環境、嚴肅的氛圍、討厭的人

嘴上雖說：「人們常說要『為自己負責』，但要在如此嚴苛的環境下生活，未免也太辛苦了吧……」卻又覺得，四處迎合他人同樣令人筋疲力盡（笑）。

而且，我也沒打算真的背起責任，甚至沒有任何能在社會上生存下去的技能與自信。

哎呀！我最討厭這樣**「閱歷淺薄的自己」**了！

跳脫前世的無限輪迴吧！
——這些慣習會阻礙你的揚升！

「害怕不被喜愛」……你在眾多前世裡，總是不斷守護親朋好友，覺得不被他們喜愛，等同於被判死刑。

「失去歸屬之地」……過往的你毫無獨立生活的能力，因此認為失去家庭就等同於畫下人生句點。

「受到傷害」……你在前世裡總是敏感地讀取旁人的心緒，因此再微小的事，都會帶給你致命的傷害。

「無法擔起責任」……你在眾多前世裡幾乎從未背負過責任，因此缺乏擔起責任的自信。

☊ ♑

龍頭 摩羯座

靈界

你的靈魂在和眾多聰明前輩討論後，決定選擇這張藍圖！

憑過關斬將實力，在社會上取得成功

※請參閱「靈魂之路地圖」（第32頁至第35頁）

先精進前世擅長的技能吧！

你對於

「深刻體會他人情緒的能力」

十分出色！

若對心愛之人
的感覺與想法感到好奇，
只需看對方一眼，
對方的心情就會
瞬即竄入我的毛孔。

總是能像這樣自然明白「對方心情」的你，接下任何情緒、深刻體會他人感受的能力簡直一流！

你在眾多前世裡，總是運用這份能力，幫助人們建立彼此包容的溫暖情誼。

只是，如果你無法清楚劃分「自己」與「他人的心情」，便會被捲入相同的情緒中，導致兩敗俱傷。所以，若你能在此生明確立下**「有益社會的目標」**，不受旁人情緒所左右，並堅定地向前邁進，你將能抵達目標，迎接皆大歡喜的成果。

靈魂的今生目標清單

——在接下來的人生裡，
你將會開闢哪些「嶄新自我」呢？

- 花時間打造自己的人生。
- 立下目標後，就不再受旁人情緒影響。
- 理解有限度的溫柔。
- 貢獻社會。
- 獲得世人的認可與感謝。
- 強力支持每個人的生活。
- 學會擔起各種責任。
- 即便遭逢不順，也能以穩固的步伐前進。
- 永遠明白自己該做什麼。
- 堅定地邁向目標，永不放棄。

此生決定要進化成這副模樣！

- 為自己的人生負責，不依賴他人！
- 即便事情不如預期，也能冷靜應對！
- 不惜一切達成有益眾人的重要目標！
- 行動時不受情緒左右！
- 確實背負責任，不怪罪他人！
- 獲得世人的認可與感謝！
- 能夠不焦急、不自滿，穩定地向前邁進！

決定

來自宇宙的訊息

儘管你在過往的眾多人生裡，總是「日以繼夜地安慰著親朋好友」，竭盡心力幫助他們獲取成功，卻沒有人把你放在心上。然而，失去自信的你，依舊在往後的眾多人生裡堅守這些溫柔的羈絆。

現今圍繞著你的溫暖情誼，正是你累世的成果。因此，接下來，輪到你以此為基礎，在社會中發揮自己的實力了！

我非常期待你靈魂堅毅的揚升。

龍頭 摩羯座

今生

今生課題（挑戰）

喚醒沉睡自我的通關密語

發揮「自身實力」

獲得社會認可的滋味最棒了！
透過如實達成目標，感受自身實力吧！

察覺「自身實力」……發掘自己的優點，並藉此幫助社會。

為自己負責……為自身言行所帶來的任何微小影響負起責任。

體會幫助社會的感覺……體會收穫感謝與認可的滋味。

明白「嚴厲」與「自立」的優點……學會掌握這兩股難以招架的能量。

你在遭逢不順時，內心往往會湧現難以壓制的激動情緒。因此，你的靈魂設計了一道機制，讓你在專注於自身情緒時，會使事情變得更加麻煩且複雜。你是否覺得，儘管你已確實表達情緒，也試圖去明瞭對方的心情，事情依舊進展不順呢？此時，請深呼吸一口氣，思索自己渴望達成的目標。比起專注於情緒，不如思考自己嚮往的情景與關係，同時組織能夠實現目標的可行手段。畢竟，你的靈魂正是計畫於此生成為一位能不受一時情緒左右、確實達成目標、幫助社會的人。

那些容易受挫的人，在看到這樣的你之後，肯定也能放下情緒，踏實朝重要的目標邁進。

今生課題
新手等級
菜鳥 ♑

菜鳥仍深受前世影響，並且尚未明白今生課題，活得十分辛苦。

困擾靈魂的慣習

每個人在青春期前
都會不斷複習前世靈魂的慣習

你在前世深信每個人都需要一個安心的舒適圈，因此，你細膩地體會他人的心情，告訴自己「必須理解舒適圈裡所有人的情緒」。

只是，當每個人因此依賴你、向你傾吐情緒，而你也將這些人完全視為你的精神糧食時，你變得與社會徹底脫節。

也有些人認為，眼裡淨是這群人的你「愛操心」、「多管閒事」、「情緒化」。最終，你的內心深處也累積了大量的「不安」。

靈魂後盾

請悉心守護不斷給予照料的我吧！
總是這樣想的你選擇的靈魂後盾是……

若你依舊處在**菜鳥**階級，你仍會在今生極度害怕「受到傷害」，而擔起親朋好友的一切情緒，並認為大家也該守護平時總是溫柔待人的自己。

這樣的你，周圍是否充斥著仗著你的體貼，將你**當成情緒垃圾桶的人**，以及**永遠不知感謝、並因害怕麻煩而在重要時刻遠走高飛的忘恩負義之人**呢？

此外，你是否也因為害怕自己幫不上忙，而自始至終拒絕付出，讓他人全方位照料你，最終喪失自信呢？

這正是靈魂的目的！為了改正「總是忽視自己」的慣習，最有效的方式就是請求其他靈魂的協助，讓你在忽略自己時，人生陷入一片混亂。其實，你身邊那些令你厭煩的人，都是**和你立下靈魂契約，來幫助你穩固朝著自己設立的目標邁進，並決意「成為社會的一份子，幫助社會」的靈魂後盾**。

在這之間，你將能藉由踏實完成份內之事，弭平不安與憂心，並在最終達成幫助眾人的目標，為世人帶來歡樂。

有效擺脫靈魂慣習的5句咒語

只要管好自己，便能避免無謂的傷害。

總有一天，一定能達成目標。

與其拜託他人解決問題，不如把一切交給時間。

成為對社會有益的人。

以平常心完成份內之事，避免受情緒影響。

靈魂成長訓練

諸事不順時，
先別急著要求他人協助，或陷入恐慌。

身為**菜鳥♑**的你，若渴望發揮自身原本的實力，就必須先為自己設立目標，並立定達成目標的具體可行計畫。

此外，由於**菜鳥**的你容易在生活中受他人與自己的強烈情緒影響，因此，你也必須練習在情緒來臨時，先與其保持距離，不讓自己拖延計畫。

請務必在每天的生活中，時時警惕自己確實執行這兩件事。

即便過程不如預期，只要把目光放遠，必定能明白此時的不順，絕對是最好的安排。請別焦急憂鬱，抱著平常心，持續向前邁進吧！

趕緊試試吧！

角色扮演訓練
——懂得劃清自己情緒，卻不忽視他人感受

當他人變得十分情緒化，而影響到你的心情時，請試著在心中進行這項訓練。只要學會不因過度共感他人而深受影響，你將能獲得眾人的感謝，並且提升自信。

【步驟1】旁觀事實

如同新聞播報員般，在**心中**播報他人的言行舉止。

（例）今日下午三點左右，任職於○○公司的○○○（54歲女性）突然以激烈的語氣怒罵同事（我），原因是「沒有立即報告工作進度延遲」。

【步驟2】設立目標

在心中想像自己正在接受雜誌訪談，一邊做筆記，一邊訪問對方與自己（但不要詢問心情）。

（例）「那麼，你希望對方接下來怎麼做呢？」、「你設立了什麼樣的目標，以防重蹈覆轍呢？」

※註……沒有立即給出正解或答案也沒關係。說出自己「需要時間思考」，並實際找人討論也沒問題。重點在於，不讓自己陷入慌張的情緒。只要能夠避免恐慌，即便需要花點時間，你依舊是個懂得發揮危機處理能力與管理能力的人。

【步驟3】強化想像並記下筆記

如實想像自己是位擅長管理職員的優秀主管或社長，為了向員工表達對**步驟2**中「因應對策」與「目標」的見解，寫下筆記。

（例）「是否有其他好辦法呢？」、「這個提議很棒，趕緊實踐看看吧！」、「這個目標對我而言有些窒礙難行，請讓我再想想看」。

避免寫下情緒、責備，或胡亂賠罪。

【步驟4】實際表達目標與對策

等你能不顧對方反應，理性、冷靜地向對方表達目標與對策時，再起身告訴對方（看著筆記也沒關係）。

（例）「下一份報告絕對不會再拖延了！」（若對方怒斥你，敬請無視，集中於自身目標即可）。

攀登目標訓練
——立下遠大的目標，並訂定可行的計畫

【步驟1】

準備十張紙。將達成目標的歷程想像成登山，分別在紙上寫下「一合目」～「十合目」的大標。

【步驟2】

首先，在「十合目」的紙上寫下希望能在十年後達成的遠大目標（請寫下只要努力就絕對能達成的目標，而非天真的白日夢）。

【步驟3】

接著，分別在「一合目」～「九合目」的紙上具體寫下達成「十合目」目標的流程（過程或步驟），並為每個階段設定完成期限。

【步驟4】

在各張紙上寫下應當完成的事項。請務必將每一階段的內容細分成多項能夠立即完成的項目（至少五項）。

【步驟5】

將「一合目」到「十合目」的紙張垂直排列，貼在一面能一目了然的牆上，並在每次達成後以紅筆劃叉。

※註……只要花時間逐一完成目標，就能一步步建立自信。

痛苦時的自我療癒法

- 想像十年後達成目標、德高望重的自己。
- 默默為善，並在之後好好犒賞自己。

今生課題 高手等級

平衡者 ♑

當你完成今生課題後，將會進化為平衡者。不僅能對自己的人生感到心滿意足，也能以真實的模樣與旁人和樂共處。

今生課題完成度檢測表

★經常這樣想，時常這樣做……A（10分）
★偶爾這樣想，有時這樣做……B（5分）
★不太會這樣想，幾乎不這樣做…C（1分）

合計分數＝平衡率（今生課題的完成度）

隨著完成度提升，你將能享受靈魂在靈界預先設定的「稀有物品」、「獎勵」、「派對」或「活動」等。（請參閱第34頁靈魂之路地圖）

0～49%……感覺痛苦多於歡樂，缺乏自由。這是靈魂為了避免你重蹈前世覆轍所做出的設定。

50～89%……即便遭逢不順，也能迎刃而解，並相信這樣的經歷正是在打造美好人生。

90～100%……明白生活中大多數事件對自己有何益處，因此即便艱辛困苦，也能懷抱喜悅。此外，也能自由修正前進的方向，感覺人生自由奔放，總是能心想事成。

檢測表在下一頁！

平衡者♑
今生課題　完成度檢測表

【隨時專注於目標】
明白只要把討厭的情緒放一邊，專注於眼前的目標，默默執行份內事務，自然就能身心舒暢、勇往直前。

【透過實行達成理想】
明白經驗能累積信念，只要將任何遠大的目標細分成得以輕鬆完成的簡單項目，並持之以恆地實行，最終必定能馬到成功。

【重視行動勝過言詞，看重結果勝過理想】
明白「坐而言，不如起而行」，因此能透過實際行動，締造「有益眾人」的好結果。

【能從逆境中成長】
明白逆境能喚醒並鍛鍊人們的潛能，不僅強化自己與社會，也教導我們溫柔的真正意義。

【展現嚴謹的溫柔】
明白真正的溫柔，是比任何人都更相信對方擁有的實力，並願意引導、開發、堅持不懈地鍛鍊他，不讓他依賴與墮落。

【展現更高境界的無私】
明白為善不欲人知，比起為了獲得感謝而助人更具美德。而在未察覺自己也有所收穫的情況下對他人伸出援手，則是更高境界的無私。

【感謝時間】
明白時間能在無形中沖淡所有痛苦與悲傷的經歷，如今的疲倦也會隨著時間消退。

【能管理好自己】
明白只要善加管理自己的情緒、儲蓄、環境與人生，就能避免將錯誤歸咎於他人，也能減輕內心的痛苦。

【明白每個人都有自己的使命】
深信每個人都背負著讓宇宙更加美好的「使命」，只要盡好份內職責，即使不被社會認可，也依然能完美實現。

【明白努力和經驗不會背叛自己】
選擇仰賴自己累積的努力與經驗，而非依賴脆弱、不成熟的人。

合計分數
（平衡率） %

♌
♑

今生課題
導師等級
和諧大師 ♑

歷經好幾世不斷修習此課題，將能進化為和諧大師，晉升為眾人的導師。此時，你將會認為，為人類與地球生命付出，比為個人目的而行動更具意義。

教導人類宇宙全體共有的意識與責任

已經完全拋棄「不安」與「恐懼」的**和諧大師♑**，能夠成為世人的導師，並自由融合內心的——

「安逸」與「努力」
「依賴」與「責任」
「操控」與「管理」
「敏感」與「堅毅」
「至親」與「社會」

這兩股能量，進而孕育出煥然一新的力量，讓人們得以完美地管理地球上的一切。

如此一來，投胎至地球靈魂眾生便能發揮潛能，圓滿達成自己的宇宙使命。

龍頭　水瓶座

前世

你在前世一直反覆執行這些事！

因擁有過多特權而變得自我中心

太常處在和外界落差甚遠的金字塔頂端，而難以與人相互理解

你在眾多前世裡，總是站在人民的頂端統治眾人，與平民百姓距離遙遠，因此，幾乎無法與人相互理解。

每個人都體察你的臉色，對你百般獻殷勤，導致你難以與人心靈相通。再加上你的生活養尊處優，因為擁有太多「特別禮遇」，而逐漸變得「以自我為中心」。

明明並沒有打算自私任性，卻仍過上了無法融入眾人的寂寞人生。

身邊的每個人都是好人！生活也事事如意！
咦？為什麼沒辦法融入人群呢？得想想辦法才行。

【你在前世可能是這樣的人】

最大部落的酋長／國王或女王／獨裁者／全球宗教組織的領袖／最富有且最具格調的王侯貴族／生活與普羅大眾截然不同的富家子女／風靡一世的知名演員／深受眾人歡迎的音樂家或藝術家／繼承傳統規矩且門第顯赫的名門世家子女

經歷太多，靈魂已經受夠了！

——靈魂的心聲

我在前世總是為了**「締造理想的現實，創造生活的喜悅」**，而努力隨時抱持「堅強意志」。

相信「意志堅定就能實現任何夢想」、「凡事交給我絕對沒問題，我肯定會使命必達！」、「只要立下目標，一切將能水到渠成」的我，拚命追逐夢想，但回過頭來，卻發現自己與任何人都話不投機。

我承認自己確實相當幸運，但老實說，我也付出了非比尋常的努力。儘管許多人都努力向上，正因為我和眾人的生活大相逕庭，才使他們難以看見我的努力吧！

人人都稱羨我的生活，卻不明白我的辛苦。唉！眾人怎麼可能理解我的辛勞呢？

討厭的事情

遭人看扁、遭人取笑、遭到無視、諸事不順、內心的陰暗面。

嘴上聲稱：「眾人都說『團結力量大』，但一旦團結行事，將難以辨別每個人的功勞。」卻又認為，不管自己立下多少功績，內心依然空虛。

事實上，我最近覺得任何事都無聊透頂，而且我孤身一人，完全沒有朋友可以分享喜悅與痛苦，真是孤單……

哎！我最討厭這個**「寂寞不堪的自己」**了！

跳脫前世的無限輪迴吧！

——這些慣習會阻礙你的揚升！

「害怕讓人失望」……你在眾多前世裡，總是不斷回應社會大眾的廣大期望，以防失去一切。

「害怕低人一等」……過往的你總是付出驚人的努力，不斷超越他人，以防遭人遺棄。

「必須成為非凡的人氣王」……你在前世總是努力保持獨樹一格的風格，絕不讓他人看見自己超乎想像的努力。

「掌控一切」……過往的你認為，周圍的反抗極可能是叛亂的前兆，因此總是謹慎地掌控一切。

龍頭 水瓶座

靈界

你的靈魂在和眾多聰明前輩討論後，決定選擇這張藍圖！

善用差異、超越常理 與萬物為友

※請參閱「靈魂之路地圖」（第32頁至第35頁）

先精進前世擅長的技能吧！

你對於**「享受並創造萬物的能力」**十分出色！

總是能像這樣在任何情境中尋得樂趣，並全心全意投入其中的你，不停打造渴望事物的能力簡直一流！

你在眾多前世裡，總是運用這份能力，打造令人類幸福洋溢的一切。

只是，一個人的創造力始終難以滿足整個社會的需求。因此，若你能在今生**「與眾人一同運用各自的才華，打造有益社會的偉大事物」**，你將不再感到孤單，也能因能量加乘而感受到無比的滿足。

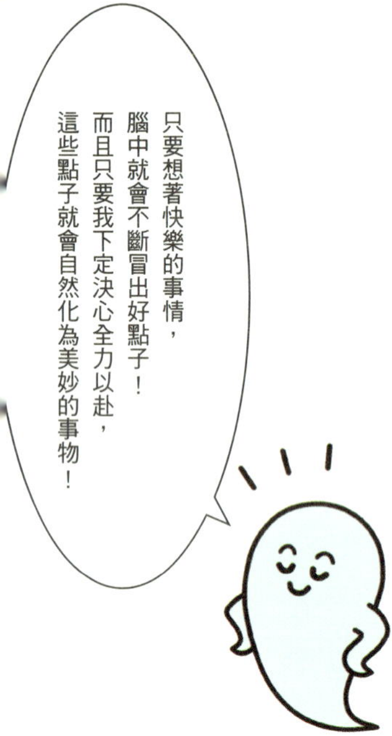
只要想著快樂的事情，
腦中就會不斷冒出好點子！
而且只要我下定決心全力以赴，
這些點子就會自然化為美妙的事物！

靈魂的今生目標清單

——在接下來的人生裡，你將會開闢哪些「嶄新自我」呢？

- 因為已經完成個人使命，所以決定投身更遠大的目標。
- 與世間萬物成為朋友。
- 明白只要先替他人著想，就能奇蹟似地帶來對自己有益的結果。
- 持續嘗試前所未有的方法。
- 不斷向他人表達最新的想法。
- 冷靜應對任何事情。
- 體會實行未知定律與機制的樂趣。
- 透過心電感應連結眾人，一同締造驚人成就。
- 集結眾人的特殊長才，改變世界。
- 拋開個人觀點，體會從宇宙視角觀察萬物的感受。

此生決定要進化成這副模樣！

- 隨時以宇宙視角冷靜觀察一切！
- 透過心電感應連結眾人，活用彼此的才能！
- 與眾生成為關係對等的朋友！
- 為世界與眾人而活！
- 宣揚超越常識的最新點子！
- 不斷實驗各種未知事物！
- 成為棲息於浩瀚宇宙的「地球人」！

來自宇宙的訊息

你為了「打造渴望的現實，並從中獲得喜悅」，經歷了許多場人生。然而，人們卻只是稱羨你的生活，認為你的世界與他們大壤之別。儘管遭到孤立，你依然在往後的人生裡，一心一意打造嶄新事物。

如今，你身邊所有能夠帶來歡樂的事物，都是你累世開拓的成果。因此，接下來，輪到你以此為基礎，和眾人一同締造更為偉大的成就了！

我非常期待你靈魂獨一無二的揚升。

龍頭 水瓶座

今生

今生課題（挑戰）
喚醒沉睡自我的通關密語

和眾人一同為了眾生而活

差異其實蘊藏龐大的力量！
超越常識與差異，與萬物共創合作！

明白朋友即為對等關係……享受與陌生人建立不分貴賤的連結。

為了世人而活……匯聚並發揮眾人的才能，朝有益社會的目標邁進。

以「宇宙視角」觀察萬物……觀察世間萬象如何造福眾生。

明白「突破常識」與「實驗」的優點……學會掌握這兩股未知的能量。

你是否即便諸事順利，也仍感到無比空虛呢？

其實，你的靈魂設計了一道機制，使你無論累積多少個人成就，仍會感到不滿；即使獲得無數讚美與稱羨，也會覺得索然無味，彷彿事不關己。事實上，這正是提醒你必須轉變想法的訊號！因此，今生請不僅為自己，也為他人而行動吧！你的靈魂正是計畫與每位獨一無二的夥伴協力，發揮各自的才華，共同投入對社會更有意義的崇高事業。請試著與眾人背負各自的職責，以各自的方式執行更多實驗吧！

肯定有許多夥伴正期盼與你一同打造更美好的世界。

今生課題 新手等級

菜鳥 ♒

菜鳥仍深受前世影響，並且尚未明白今生課題，活得十分辛苦。

困擾靈魂的慣習

每個人在青春期前都會不斷複習前世靈魂的慣習

你在前世總是活在眾人稱羨仰慕的眼光裡。堅信「自己必須永遠是眾人眼中的璀璨之星」的你，帶著開朗樂觀的心情，持續默默付出龐大的努力。然而，人們卻覺得你彷彿是雲端上的人，而你也理所當然地接受這般見解，最終與他人完全失去心靈交流。

因此，有些人會認為只渴望獲得他人讚美的你「任性」、「自以為是」、「愛控制」，而你的內心也累積了大量的「孤獨感」。

靈魂後盾

即便廣獲眾人認同，也依然感到莫名空虛
這樣的你選擇的靈魂後盾是……

若你依舊處在**菜鳥**階段，你仍會在此生因極度害怕不被認同，而在內心畏懼他人的反應。儘管在眾人稱讚你時，你總表現得落落大方，但當你感覺自己與眾人的心逐漸疏遠時，便會透過大吵大鬧來博得大家的關注。

這樣的你，周圍是否總是充斥著無論你多麼努力博取認同，**卻不斷令你難堪的人；或是在你面前阿諛奉承、佔你便宜，卻在背後說你壞話**的人呢？

此外，你自己是否也時常因為感覺某件事**並非你的職責**，而無法投入其中？即便全心全意投入，也只會感覺莫名的**空虛**？或者，你是否也感覺自己**獲得的同時也將突然失去重要的人事物**，或覺得**努力得不到回報**呢？

☊ ♒

這正是靈魂的目的！為了改正「只注意自己」的慣習，最有效的方式就是請求其他靈魂的協助，讓你在只為了自己行動時永遠徒勞無功。其實，你身邊那些讓你煩惱的人，都是**與你立下靈魂契約、來幫助你決意為「世界與眾人」發揮自身「優秀創造力」的靈魂後盾**。

當你意識到只為自己付出只會換來空虛，而決意為世界行動時，你將能匯集一票正等待著你的夥伴，你前世累積的孤獨感也將煙消雲散。

有效擺脫靈魂慣習的5句咒語

用宇宙之眼觀看萬物，而非人類之眼。
選擇能夠改變眾人意識的作法。
改善整體的同時也能改善自己。
一切必定會走向揚升。
當你為世界行動時，必定能獲得宇宙的支持。

靈魂成長訓練

諸事不順時，先別急著以高姿態主導事情，或是強行解決問題

身為**菜鳥**♒的你，必須練習從「自我視角」切換成「宇宙視角」來掌握全局。

請試著養成下述的習慣——隨時想像自己從宇宙向下俯瞰，藉此重新審視發生的事件，並觀察這對全局有何益處。

當你認為事情進展不順時，只要考量到眾人的成長，你便會發現「不順其實才是好事」，最終，你也將明白這一切的含意。身為**菜鳥**的你，總是會因焦急而渴望強行「做點什麼」，但只要練習觀察整體的流動，並善加等待，一切將會順水推舟，你也將擁有強烈的動力與靈魂夥伴們一同展開行動！

趕緊試試吧！

宇宙視角觀察練習
——從自我視角，升級至宇宙眺望的靈魂視角

請回顧一件近期發生的有趣事件，或是難以接受的事情。

【步驟1】

描述自己眼中的事發經過（自我視角）

（例）・當眾人一同交換意見時，唯獨我的意見遭到忽略。

・明明我的提案明顯可以改善事情，卻不管我怎麼提議，都得不到任何人的認可，甚至被上司強制駁回。

【步驟2】

描述當時的具體想法與感受（自我視角）

（例）・想法：每個人都輕視我、嘲笑我無能，甚至討厭我。

・心情：生氣、失落、悲傷、後悔、丟臉、焦慮、輕蔑。

【步驟3】

找尋引起這些想法及感受的證據（自我視角）

（例）・大家平時都用尖酸刻薄的態度對待我。

・我總是被分配到最基本的工作。

・上司的行動方針過於保守。

【步驟4】

將部分意識抽離自己的身體，想像自己正從宇宙俯視一切（必須修習此課題的人，生前就已設定好能完美擱置感情，提升意識至高維度）。

以此視角探查執行步驟1～3時**未能看見的事實**，例如被遺忘的真相、他人眼中的實情或耳聞、他人的心情等。

（例）・我的說法（似乎）有些嚴苛。

・膽小的人似乎比較不敢表達同意。

・大家並不了解我事前做了哪些功課。

・上司在公司裡的立場相對弱勢。

【步驟5】

以**中立的思考模式**描述步驟4中得出的事實。（自宇宙俯視的靈魂觀點）

※註……無須執著於「正確」與否

（例）・或許我平時的言行容易讓大家感覺有些距離。

・或許讓大家參閱我查到的資料，比較能獲得認同。

・上司也是人，或許他有他的苦衷。

【步驟6】

思考對眾人而言，**現在應該做什麼，或不該做什麼**。（靈魂視角）

（例）・平時可以用更輕鬆的方式與大家對話，互相了解彼此。

・試著用閒話家常的方式提出想法，觀察眾人的反應。

・接下來務必要與大家共享自己查到的資訊。

・平時就多留意上司的立場與煩惱。

【步驟7】

思考此事的發生是為了讓眾人明白什麼（靈魂視角）

①自我方面……明白平時就必須與人坦誠交流的重要性等。

②對方方面……發現自己其實對我的立場與現況抱有成見等。

③周圍方面……在看見我的轉變後，能克服不安，找到改善方法等。

透過這則訓練，你將能跳脫「自我」這個狹小宇宙，邁入「與眾人一同成長」的廣大世界，並獲得超乎想像的滿足！

痛苦時的自我療癒法

・睡覺（睡眠能夠淨化身心）。

・把動物視為夥伴，和牠們玩耍互動。

今生課題
高手等級
平衡者 ♒

當你完成今生課題後，將會進化為平衡者。不僅能對自己的人生感到心滿意足，也能以真實的模樣與旁人和樂共處。

今生課題完成度檢測表

★經常這樣想，時常這樣做……A（10分）
★偶爾這樣想，有時這樣做……B（5分）
★不太會這樣想，幾乎不這樣做…C（1分）

合計分數＝平衡率（今生課題的完成度）

隨著完成度提升，你將能享受靈魂在靈界預先設定的「稀有物品」、「獎勵」、「派對」或「活動」等。（請參閱第34頁靈魂之路地圖）

0～49%……感覺痛苦多於歡樂，缺乏自由。這是靈魂為了避免你重蹈前世覆轍所做出的設定。

50～89%……即便遭逢不順，也能迎刃而解，並相信這樣的經歷正是在打造美好人生。

90～100%……明白生活中大多數事件對自己有何益處，因此即便艱辛困苦，也能懷抱喜悅。此外，也能自由修正前進的方向，感覺人生自由奔放，總是能心想事成。

檢測表在下一頁！

平衡者 ♒
今生課題　完成度檢測表

【明白萬物皆為朋友】
明白所有關係皆為朋友關係的延伸，如男生朋友、女生朋友、爭執中、婚姻中、已分開、年幼、靈魂、狗界、宇宙的朋友等。

【明白大家都同為生物】
期許自己能平等重視人類、動物、細菌等地球上的生物，以及地球、天體、銀河等萬物。

【視人生為一場大型實驗】
明白世上充滿無數選擇，因此能不斷嘗試，而非立即斷定自己「成功」或「失敗」。即便一時搞砸，也從不氣餒。

【喜歡帶給眾人驚喜】
認為跨越一切成見與常識、打破眾人的「框架」，是一件十分爽快的事！此外，也非常喜歡提出改善事物的嶄新點子，甚至樂於被說「怪」。

【和眾人同心協力】
明白只要集結眾人各自的特殊長才（天賦），就能共享成功的喜悅，也能分擔失敗的痛苦。

【帶著自我特色與眾人和諧共處】
樂於結合自己的想法與眾人的點子，來打造全新事物。

【打造人人都為自己負責的社會】
明白若要實現「人人為我，我為人人」，每個人都必須具備為自身行為後果負責的覺悟，絕不能單方面仰賴他人。

【和眾人共同打造世界】
明白即使眾人平時互不打擾、各自生活，只要平時收集資訊，並與夥伴良好交流，當天時地利人和到來，自然能集結所需資源。

【為眾人的揚升努力】
比起一味追求自我成長，更願意全心投入創造力來幫助眾人與地球揚升，甚至因此獲得眾人的感謝。

【從宇宙的遙遠視角觀察萬物】
明白如同站在宇宙遠眺一般，從宇宙視角觀察人生中發生的所有事情，將能注意到許多過去未曾發現的觀點，以及重要的訊息。

合計分數（平衡率）　　　%

今生課題 導師等級

和諧大師 ♒

歷經好幾世不斷修習此課題，將能進化為和諧大師，晉升為眾人的導師。此時，你將會認為，為人類與地球生命付出，比為個人目的而行動更具意義。

和眾人一同為了世界發揮創造力

已經完全拋棄「不安」與「恐懼」的**和諧大師♒**，能夠成為世人的導師，並自由融合內心的——

「自信」與「信任」
「意志」與「順流」
「自我」與「眾人」
「特例」與「公平」
「統領」與「合作」

這兩股能量，進而孕育出煥然一新的力量，讓人類的意識脫胎換骨。

而你也能夠讓投胎至地球的靈魂眾生從為了自己，大幅轉變為為世界發揮人類獨有的創造力。

龍頭　雙魚座

前世

你在前世一直反覆執行這些事！

因過度完美主義而感到窒息

照料人們的生命與生活，過著井然有序、正直清廉的完美人生

你在眾多前世裡總是照顧著眾人的生命與生活，不允許自己有任何一絲鬆懈。

因此，你嚴以律己、努力不懈，凡事小心翼翼，但回過神來，卻發現自己因過度「完美主義」而「備感窒息」。

即便旁人與你保持距離，你仍舊在意他人；就算想要放棄，也難以罷休，讓自己痛苦至極！

唯有分析、計畫並且實行，才能迎向成功！
不行！不行！得更完美才行！

【你在前世可能是這樣的人】

皇室御醫／帝皇禁軍／世人效法的聖賢／醫生／護理師／接生員／有權人士身邊的祕書／大型組織的會計主管／宿舍舍監

經歷太多，靈魂已經受夠了！

——靈魂的心聲

我在前世總是為了打造**「井然有序、完美正規的世界」**，努力不懈地「整頓一切」。

認為「只要運用正確的順序，就能整治所有混亂」、「偏離計畫將會導致失敗」、「微小的失誤是災禍的火苗，必須在冒頭之前熄滅！」的我，拚命將一切導向完美，但最後卻迎來眾人的反彈。老實說，若我不出手，一切將在瞬間變得雜亂無章！

因此，我才會在意東、擔心西。

雖然大家總愛隨口告誡我：「不必如此神經質」，但要是發生大事該怎麼辦？千萬別掉以輕心啊！

討厭的事情

混亂、缺失、髒污、勉強、破壞規則、無法達成目標。

嘴上聲稱：「怎麼可能『稍微喘口氣』！只要稍微鬆懈，世界就會在一瞬間崩塌，難以挽救」，卻又在回過神時，發現自己七零八落（笑）。

老實說，當我愈是努力付出，就愈感到憂慮。

哎呀！我最討厭這樣**「疲於奔命的自己」**了！

跳脫前世的無限輪迴吧！

——這些慣習會阻礙你的揚升！

「必須好好端正一切」……你在眾多前世裡時常因為鬆懈，而讓心愛之人喪命。

「凡事必須依循計畫」……過往的你認為，一切若沒按照計畫進行，就會陷入混亂。

「擔心小事會導致一切盡失」……過往的你曾因忽視細節而導致人生失控，因此特別在意枝微末節。

「因無法盡善盡美而憂鬱」……你在前世總是極力排除所有意外，力求一切完美。

☊ ♓

龍頭　雙魚座

靈界

你的靈魂在和眾多聰明前輩討論後，決定選擇這張藍圖！

凡事交給宇宙 做出最好的安排

※請參閱「靈魂之路地圖」（第32頁至第35頁）

先精進前世擅長的技能吧！

你對於

「整頓雜亂無章的能力」

十分出色！

先把情緒放一邊，
好好完成手邊必須完成的任務吧！
只要將達成目標的過程細分為幾個小步驟，
逐一完成即可。

總是能像這樣整頓浩大混沌的你，平息混亂的才能簡直一流！

你在眾多前世裡，總是運用這份能力，淨化人類所創造出的混沌。

只是，人類所能掌握的事情終究有限。

因此，若你能在今生**放下自身的「執著」，將一切交由「高維度力量」替你安排**，你將不再對萬事萬物看不順眼，甚至能讓一切奇蹟似地回歸正軌。

靈魂的今生目標清單

——在接下來的人生裡，
你將會開闢哪些「嶄新自我」呢？

- 享受宇宙安排的有趣人生！
- 體驗「高維度力量」所安排的一切！
- 運用療癒人心的「偉大能量」。
- 靜靜待著，就能療癒眾人。
- 在意外頻仍的時刻，體驗「祈禱」的力量。
- 明白即便狀況不如預期，上天仍自有安排。
- 透過安靜獨處，讓宇宙為靈魂充電。
- 只要善加想像與等待，所需之物便會紛至沓來。
- 接納現況並保持沉著，奇蹟自然會降臨。
- 明白陷入絕境時，肯定會有人伸出援手。

此生決定要進化成這副模樣！

- 有意識地連結偉大存在！
- 相信高維度力量的安排！
- 運用無形的能量！
- 順應宇宙的真理生活！
- 以原貌與萬物融為一體！
- 放下一切執著與批判！
- 實際感受被愛環繞的生活！

來自宇宙的訊息

你為了維持「清廉完美的社會」，經歷了許多場人生。然而，人們不僅與嘮叨雞婆的你保持距離，還把工作都推託給你。儘管你筋疲力盡，卻仍在接下來的眾多人生裡堅決不放棄理想。

現今，所有令你心滿意足的清新穩健事物，都是你累世開拓的成果。因此，接下來，輪到你以此為基礎，看見真實所散發的完美了！

我非常期待你靈魂溫柔的揚升。

龍頭 雙魚座

今生

今生課題（挑戰）
喚醒沉睡自我的通關密語

讓「高維度存在」安排一切

啊！世界本身就已完美無瑕！
讓自己沉浸於宇宙的完整原貌之中吧！

相信「偉大力量」……放下一切控制，體驗「自然」的狀態。

依循「宇宙規律」生活……珍惜生活中一切最佳的安排。

明白「萬物皆為一體」……從經驗中體會萬物皆為一體。

知曉「包容」與「無條件的愛」的優點……學習掌握這兩股未知的能量。

你常常急於將一切導正為理想中的模樣。

因此，你的靈魂設計了一道機制，讓你在發現「不完美的事物」時，會感到異常煩悶、視野變得狹隘，甚至覺得「徒勞無功」、「計畫趕不上變化」、「走投無路」。此時，正是「交給宇宙安排一切」的最佳時機。請先試著鬆手，以觀望的姿態，期待宇宙整頓後的完美傑作吧！你的靈魂正是計畫在此生中，欣然接納這些由偉大存在所準備的看似不完善，卻其實完美的「事物」。

總是憂心忡忡的人，在看到這樣的你之後，也肯定能學會相信宇宙，並順應它的安排。

今生課題 新手等級

菜鳥 ♓

菜鳥仍深受前世影響，並且尚未明白今生課題，活得十分辛苦。

困擾靈魂的慣習

每個人在青春期前都會不斷複習前世靈魂的慣習

你在前世總是從事保衛人民性命與生活的工作。深信「凡事只要未能盡善盡美，眾人與世界就會瞬間崩塌」的你，總是努力掌握全局。然而，無論你多麼盡心盡力，工作量始終沒有減少，世人也厭倦於你的指正，導致你和眾人關係緊張，彼此都備感不快。允滿使命感的你並沒有因此打退堂鼓，致使有些人認為你「錙銖必較」、「囉哩八嗦」、「神經質」。而你的心底，也累積了許多對一切的「不滿」。

靈魂後盾

那不好，這不行，還不趕快修正！這樣的你選擇的靈魂後盾是……

若你依舊處在**菜鳥**階段，你仍會在此生極度害怕「不完美」，而嚴格指正世間萬物，也容易認為必須等到一切都完美無缺的那天，才能安心鬆手。

這樣的你，周圍是否總是充斥著無論你如何勸告管控，依舊會**找適當的藉口持續破壞一切的人**，以及仗著你精明能幹，**不停推託工作給你的怠惰之人**呢？

此外，你是否曾因責任與義務撈下某項任務，卻**始終未能獲得對方的感謝，甚至還被對方抱怨「未能盡善盡美」**，要求你完成更多無理的請求，導致你筋疲力竭呢？

這正是靈魂的目的！為了改正「凡事力求完美」的慣習，最有效的方式，就是請求其他靈魂的協助，讓你永遠無法抵達完美境界。其實，你身邊那些讓你討厭的人，都是**和你立下靈魂契約、來幫助你「擺脫義務與責任」，並決意「順應宇宙之流」的靈魂後盾**。

當你有天放棄追求「完美」時，你將能任由「偉大力量」替你安排一切，而你身旁的人，也能真正感到平靜與安心。

有效擺脫靈魂慣習的5句咒語

一切都在宇宙的計畫之中。
看見不完美的「完美」。
一切的發生，都是為了促進成長與揚升。
只要放手，便能一帆風順。敬請祈禱吧！
對宇宙和靈魂而言，萬物皆扮演著重要角色。

靈魂成長訓練

諸事不順時，
先別急著指正他人，或微調至完美。

身為**菜鳥♓**的你，若渴望學會將一切交付給偉大存在，就必須練習不插手解決問題，退後幾步，單純在心中「祈禱」（這裡的祈禱，並非指宗教上的祈禱）。請試著待在原地不動，默默思考期望的發展，接著輕輕閉上雙眼，想像「如願時的心情」，並謹記：「這樣絕對行不通」、「肯定無法一帆風順」這類想法，只會讓身為**菜鳥**的你，因內心不安而變得狂躁。因此，請好好擁抱、安撫自己，想像宇宙正在幫你排解這股不安。無論發生什麼事，偉大存在永遠都在看照著你，而你的生活，也絕對會有「值得感謝」的事情降臨。

趕緊試試吧！

愛的觀想訓練
——關懷世間所有的一切

【步驟1】讓自己獨處

當你感到煩躁、焦慮時，找個安靜的場所稍作獨處。

【步驟2】藉由光之呼吸和宇宙中心連結

輕輕閉上雙眼，從口中吐出一口細長的氣，接著用鼻子吸氣，想像有一道美麗的光從鼻腔灌入體內。這道光在體內逡巡，最後連同體內的疲倦、沉重、擔心與不安，一同從口中吐出，而這股氣最終會被大地吸收並加以淨化。吐氣後，**再次用鼻子吸入一道光**。像這樣反覆進行深呼吸，並想像體內的光逐漸增加，全身上下的毛孔也開始溢出光芒。在全身被光緊緊包圍之下，完全放鬆身軀。想像這道美麗的光連結著宇宙中心的絢麗光芒，而偉大存在正無微不至地守護著你。

【步驟3】相信一切的發生都是為了成長

持續用嘴吐氣，用鼻子吸氣，執行光之深呼吸。

在偉大光芒的包圍之下，回想自己此刻正經歷的痛苦與困難。

接著，停止用頭腦思考，並感受以下畫面自然灌入全身。

光的另一側浮現出**「靈魂之眼看見的景色」**。

・為了促進眾人成長，這件事有其必要。
・唯有發生那樣的情況，才能促使我改變。

自己**「和討厭的人靈魂相連」**。

・靜靜感受他們的脆弱、痛苦與艱辛。
・他們也是以真實樣貌，完美扮演著「促進眾人成長的角色」。

自己所扮演的**「完美角色」**。

・自己也是以真實樣貌，完美扮演著「促進自己與他人成長的角色」。

【步驟4】在心裡反覆唸誦

「沒有人做錯任何事，
大家都只是竭盡心力在幫助自己成長，
同時也為了他人的成長，扮演好自身的角色。」

【步驟5】調和自己的能量顏色與宇宙的能量顏色

想像你獨有的美麗能量顏色從體內滿溢而出，包圍著地球，甚至擴散至整個宇宙。接著，這道顏色與宇宙所有的能量調和，療癒每個角落。

這股愛的能量從細胞各處擴散，並滿溢至宇宙各地，而內心也洋溢著「此刻萬物皆合而為一」的感受。

【步驟6】回歸現實

深呼吸，同時緊握雙手、雙腳，接著隨著吐氣放鬆身體。

再吸一口氣，全身出力，再次緊握雙手、雙腳，然後再次吐氣、放鬆。最後用雙手輕敲全身，找回對現實的感受，讓自己在被光包圍的狀態下，回歸意識。

儘管你似乎什麼也沒做，但你所散發的能量早已溫柔地改變了周遭的頻率，而這個空間、你自己與他人，也都與方才不同了。

尋求他人幫助練習
——喚醒他人的魅力

「拜託」他人一件事情，並且在道謝時，稱讚對方出色的魅力與能力。

（例）「多虧你明亮的聲音，這件事情才能清楚地傳達給大家，謝謝你！」

痛苦時的自我療癒法

- 向守護自己的無形存在道謝。
- 向總是給予自己能量的大自然道謝。

今生課題 高手等級

平衡者 ♓

當你完成今生課題後，將會進化為平衡者。不僅能對自己的人生感到心滿意足，也能以真實的模樣與旁人和樂共處。

今生課題完成度檢測表

★經常這樣想，時常這樣做……A（10分）

★偶爾這樣想，有時這樣做……B（5分）

★不太會這樣想，幾乎不這樣做…C（1分）

合計分數＝平衡率（今生課題的完成度）

隨著完成度提升，你將能享受靈魂在靈界預先設定的「稀有物品」、「獎勵」、「派對」或「活動」等。（請參閱第34頁靈魂之路地圖）

0～49%……感覺痛苦多於歡樂，缺乏自由。這是靈魂為了避免你重蹈前世覆轍所做出的設定。

50～89%……即便遭逢不順，也能迎刃而解，並相信這樣的經歷正是在打造美好人生。

90～100%……明白生活中大多數事件對自己有何益處，因此即便艱辛困苦，也能懷抱喜悅。此外，也能自由修正前進的方向，感覺人生自由奔放，總是能心想事成。

檢測表在下一頁！

平衡者♓
今生課題　完成度檢測表

【允許任何事情發生】
無論發生什麼事，都能不受表面好壞的影響，相信一切皆是命中註定，放鬆沉穩地等待最佳時機！ □

【重視事物的原貌勝過一切】
不插手干預正在受苦或煩惱的人，而是靜靜陪在他們身旁，想像他們所經歷的痛苦與經驗，總有一天一定能化為莫大的恩賜。 □

【拋開擔心這道詛咒，想像理想模樣】
明白「擔心」若在潛意識中蔓延，將帶來強大的影響力，因此在盡己所能之後，要學會「想像理想模樣」，讓自己沉浸於幸福感之中。 □

【運用神奇力量】
嘗試運用那些雖然尚無法以科學解釋，卻能帶來實際成效的神祕力量。 □

【遠離不適合自己的事物】
已能完整接納「自己的原貌」，所以得以默默迴避「不適合自己的事物」。 □

【化身人體空氣清淨機】
當空氣中飄散著令人厭惡的氣息時，能夠想像自己是散發良好氣場的「人體空氣清淨機」，發揮強大的淨化力量，而非插手控制。 □

【順從高維度的計畫】
學會放手，輕鬆依循高維度的計畫，將一切抉擇交由高維度的存在，而非依靠自身的觀點，在腦中狹隘的選項裡評斷好壞。 □

【往者不追，來者不拒】
明白必要的事物會在最佳時機出現，不必要的事物也會在最佳時機離開，不必感到倉皇失措。 □

【只是祈禱，不設法控制】
當結果不如預期時，能夠單純默默祈禱，願這件事的出現能成就某個「偉大的目的」，而非急於設法改變或解決。 □

【明白萬物皆為一體】
明白若渴望「愛人如同愛自己，並被他人以同樣方式所愛」，就必須學會「接納每個人的原貌」。 □

合計分數
（平衡率）　　　　%

♌
♓

今生課題 導師等級

和諧大師 ♓

歷經好幾世不斷修習此課題，
將能進化為和諧大師，晉升為眾人的導師。
此時，你將會認為，為人類與地球生命付出，
比為個人目的而行動更具意義。

引領人類以身心連結萬物，獲得全然寬容的愛

已經完全拋棄「不安」與「恐懼」的**和諧大師♓**，能夠成為世人的導師，並自由融合內心的——

「修正」與「包容」
「計畫」與「順流」
「義務」與「感恩」
「部分」與「全體」
「分析」與「關愛」

這兩股能量，進而孕育出煥然一新的力量，去深切關懷地球。

此外，你也能完整接納並療癒投胎至地球的靈魂眾生的原貌，讓每個靈魂都感覺自己的身心與萬物「合而為一」。

查看心上人的龍頭☊！

幫助心愛之人「靈魂揚升」

所有你於今生結識的人——無論是心愛之人、在意的人、不合的人——都和你一樣，在出生前就已設定好「渴望於今生開闢的嶄新模樣」。

而你，絕對能成為對方的助力，幫助其「靈魂揚升」，引領他化身理想姿態。

此外，若能明白彼此相處的最佳方式，也能減輕（你帶給）對方的壓力與煩惱。正因為我們彼此缺乏理解，甚至否定對方的「理想模樣」，才會讓彼此之間的「差異」衍生成不睦。不過，當你決意要幫助對方的靈魂揚升成理想模樣時，你們彼此的差異肯定能成為無價之寶。除了內文以外，也別忘了參考各星座符號的顏色喔！

※必須知道對方的出生年月日（盡可能包含出生時間與出生地）。

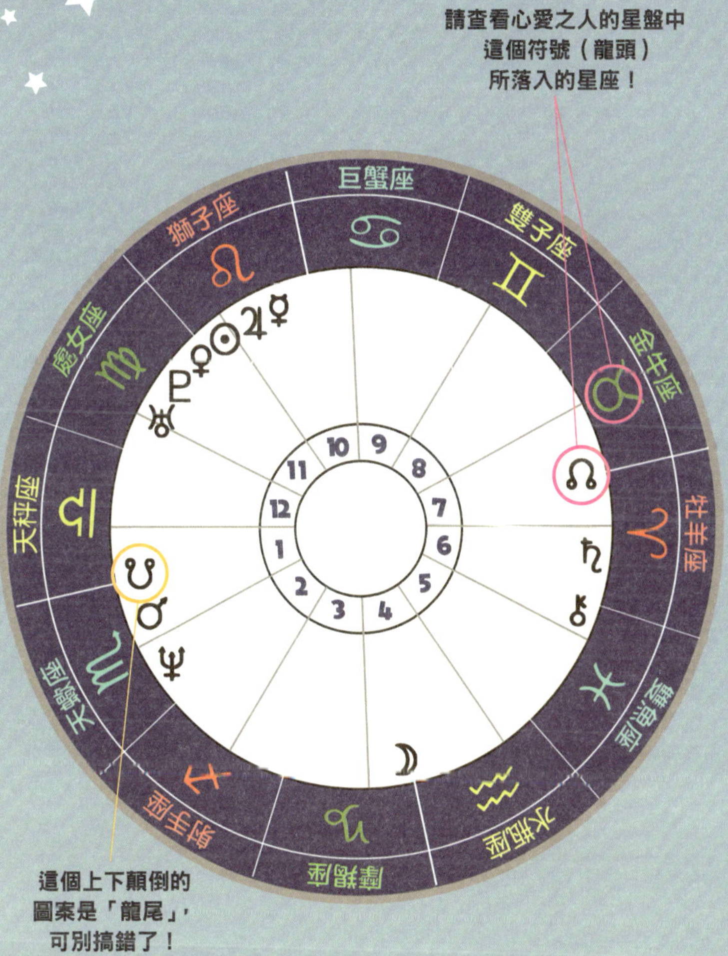
請查看心愛之人的星盤中
這個符號（龍頭）
所落入的星座！
巨蟹座
雙子座
金牛座
牡羊座
雙魚座
水瓶座
摩羯座
射手座
天蠍座
天秤座
處女座
獅子座
這個上下顛倒的
圖案是「龍尾」，
可別搞錯了！

如何幫助容易「因過度友善而淪為濫好人」的菜鳥♈？

●菜鳥♈因為害怕被討厭，總是笑臉迎人。因此，請務必事先詢問他的意見與期望。即便對方一開始並不清楚自己的想法，只要你不斷地向他確認，他將能漸漸察覺自己的心聲。若他看起來心不甘情不願，也請直接告訴他：「我希望你能果斷拒絕，這樣我才能真正明白你的意思」，並在他能明確、爽快地說不時，盡可能給予包容。如此一來，他將能學會清楚地表達自己的立場。

●菜鳥♈不太擅長發洩怒氣，因此，請試著邀他一起運動或比賽（偶爾激烈爭吵也無妨），藉由活動身體來釋放憤怒。只要彼此能夠快速轉換心情，關係就能保持充滿活力的狀態。

●菜鳥♈因缺乏失敗的經驗，常常感到缺乏自信。因此，當他猶豫不決、無法憑衝勁與直覺採取行動時，請在背後推他一把。即使最終以失敗收場，也千萬不要責備他，否則將會阻礙他的靈魂揚升。請務必鼓勵他將失敗化為武器、繼續向前邁進，並盡可能讓他在困難中自行闖蕩。

●請允許菜鳥♈出於厭惡而選擇拒絕。若無法這麼做，他可能會認為「凡事自有出路」，而持續保持漫不經心、懶散的態度，這點務必留意。唯有當他能快速做出決定並付諸行動時，才能迅速實現靈魂的揚升。

心愛之人的星座
龍頭☊
金牛座♉

如何幫助容易「因過度付出而失去自我」的菜鳥♉？

●菜鳥♉容易下意識配合他人的臉色，把自己放在最後。因此，請時常提醒他不要一味顧慮他人，並協助他找出能讓自己感到放鬆自在的事物。只要與人待在一起，他就容易忽略自身需求，所以也請建議他待在能夠隨心所欲、以自己步調生活的環境裡，充分享受感官的滋養（可參考第63頁的訓練）。

●請鼓勵菜鳥♉建立一份能夠按部就班、輕鬆完成的「任務清單」，就像每天穩定地堆疊一定數量的磚頭，終有一天必能建起雄偉的城堡。與人競爭與比較只會嚴重消耗他的能量，因此，請幫助他專注於「自己的步調與方式」。

●菜鳥♉非常擅長設想未來，容易因預見各種潛在危機而陷入不安。他常需要比一般人更多的時間才能冷靜下來處理問題。因此，在交辦事情時，請務必事先告知他完成的期限，避免他在最後一刻倉促應對、無法發揮實力。若他出現「不安」與「焦躁」的情緒，請允許他放慢步調、延長期限，或減輕任務量，如此才能迎來更好的結果。

●菜鳥♉一旦認為「已經全力以赴卻仍未見成效」，便可能突然放棄一切、重新來過。然而，唯有「持續累積」才能加速靈魂的揚升，因此請耐心鼓勵他，別讓他因一時失落而自暴自棄。

如何幫助容易「因過度覺醒而孤單寂寞」的菜鳥♊？

●菜鳥♊容易根據第一印象對他人產生成見與誤解，因此在與他對談時，務必問他：「實際上發生的事是什麼？」並引導他根據事實合理說明：「為什麼會有這樣的想法？」「又為何會得出這樣的結論？」只要他能放下成見、表達出「事實」，他的魅力就會更加自然地流露。

●菜鳥♊對他人生活中的細節往往興趣缺缺，因此常覺得自己與人相處不睦。請鼓勵他激起對他人的興趣，多主動提問。只要他獲得越多新知，就越能加速靈魂的揚升。此外，一旦他開始喋喋不休地傾吐自己的想法，請適時離開現場，否則容易讓彼此陷入無止境的爭論與紛擾。

●菜鳥♊不太習慣過多的刺激，因此只要與人長時間相處，就會不自覺地渴望獨處。請鼓勵他主動與各式各樣的人交流，累積不同的經驗。當他能逐漸習慣與人事物的互動，不再因刺激而感到煩躁，將能從多元視角看清真相。

●請告訴擁有敏銳洞察力、能自然看穿事物本質的菜鳥♊：「愈是血淋淋的真相，人們往往愈難以接受。」「若想傳遞真相，就必須選擇對方能接受的表達方式與時機。」只要他能培養體貼他人的態度與幽默感，便能擺脫孤獨，真正感受到自由自在的喜悅。

心愛之人的星座
龍頭☊
巨蟹座♋

如何幫助容易「因背負過多責任而內心枯竭」的菜鳥♋？

●不太擅長察覺情緒的菜鳥♋，需要先練習認識自己與他人的心情。因此，有機會的話，請以沉穩、清楚易懂的方式，不斷地向他表達你的感受。如果能在他心情低落時主動確認他的情緒，並幫助他找出貼切的情緒字眼，將能協助他學習覺察並理解自己與他人的感受。

●菜鳥♋常藉由與他人互相依賴與滋養、互補弱點來加速靈魂的揚升，並進一步展現原本的溫暖與柔韌。因此，請務必協助他實現日常生活中的小小夢想。由於長期目標常難以持續推進，更需要與他一同發掘生活中的微小幸福與成就，點滴累積喜悅。

●請經常提醒非常討厭荒謬行徑的菜鳥♋：「每個人認定的常理都不同。」性急又容易動怒的他，愈是逼迫自己，就愈可能對他人也嚴厲苛刻。因此，請協助他調整情緒，並適時詢問：「你是不是正在勉強自己？」、「想不想說說看現在的感受？」若無法打開他的心扉，將難以與他建立親密的關係。

●當菜鳥♋說出「我必須～才行」時，請務必提高警覺。此時，請用溫柔安撫的語氣關心他：「你其實不太想做，對吧？」、「偶爾做不到，反而更可愛喔！」、「稍微隨性一點，會更輕鬆，也可能走得更遠」、「如果有我能幫得上忙的地方，請一定要讓我知道！」

如何幫助容易「因過度為世間著想而無法享受人生」的菜鳥♌？

●菜鳥♌常因胡思亂想而放棄行動。然而，想像與實際結果往往不同，所以請務必鼓勵他「先體驗再說」、「先嘗試再思考」。也請告訴他，所有親身經歷不僅能提升說話的說服力與個人存在感，還能大幅改變他對周遭產生的影響力。

●菜鳥♌缺乏「全心全意、不顧旁人投入某件事」的經驗，因此常覺得自己做什麼都無法獲得真正的滿足。所以，他必須培養出「不管他人怎麼說，也要盡情享受其中」的堅定意志與孩童般的天真。即使他當下無法完全投入其中，也請和他一起慶祝「自己勇敢體驗了未知的事物」。

●請鼓勵菜鳥♌多多拋頭露面，以天真、開朗甚至有點浮誇的方式展現熱情。因為菜鳥♌的情緒愈高昂，愈能加速靈魂的揚升，也更容易吸引人緣與好運。此外，請以「睜一隻眼、閉一隻眼」的態度包容他的些許任性。但若他真的過於恣意妄為，還是得毫不留情地好好告誡他一次，事後則不必再追究此事。

●菜鳥♌即使向他人詢問「獲得幸福與喜悅的方法」，或分享自己的幸福與喜悅，也常難以感到真正滿足。因此，請務必鼓勵他，即使自己與他人相差甚遠、甚至沒有人真正懂他，也要勇敢聽從內心的聲音。

心愛之人的星座
龍頭☊
處女座♍

如何幫助容易「因過度受人擺布而失魂落魄」的菜鳥♍？

● 當菜鳥♍身陷煩惱時，常會抱持「船到橋頭自然直」、「總有人會來幫忙」的心態。然而，既然他在今生選擇了依照自身藍圖努力實現目標，就請務必建議他先設定「目標達成日」，再往回推算，制定一份輕鬆可行的精細計畫表。請與他一同從頭規劃，協助調整細節。他每達成一次目標，就能加速靈魂的揚升，也會逐步建立起清晰的自信心。

● 菜鳥♍容易不小心忘記約定的時間與期限，因此請務必留下書面紀錄，避免只靠口頭約定；必要時，也可幫他設好手機鬧鈴作提醒。此外，當他感到鬱悶時，若能整理、整頓或清潔周遭環境，將能有效提振心情。

● 請幫助容易焦慮的菜鳥♍維持有規律的生活。一旦生活缺乏安排，他的思緒就會更加紛亂，也會因此變得不安。請協助他仔細規劃每日行程，並在完成後劃掉或打勾，讓他一眼就能看見自己完成的目標。他自己，以及周遭的人，肯定都會對他的能幹感到驚艷。

● 菜鳥♍不擅長拒絕他人，因此常對請求言聽計從。如果你用強硬語氣要求，他多半會答應，但也可能因為壓力過大而無法完成。請用溫柔的方式確認他是否會覺得勉強。此外，他也容易因接收過多他人的意念與情緒而感到疲憊，所以請務必尊重他需要獨處的時間。

如何幫助容易「因長期孤軍奮戰而無法融入世界」的菜鳥♎？

●菜鳥♎對自己以外的事物幾乎不感興趣，因此當他與外界相處不睦時，往往會果斷認定「無計可施」，甚至容易一意孤行。所以，如果你不一五一十地告訴他你的想法，將會錯失彼此深入理解的機會。另外，也請務必提醒他，不要急於斷定你的個性、處事方式與重視的事物，並清楚傳達你「想要了解彼此差異」的渴望。

●請盡可能邀約菜鳥♎參加社交場合，並引導他學習「保持適當距離」與「帶著笑容」的相處方式。另外，也務必告訴他，在與人發生衝突時，試著耐心傾聽對方說話，並一起尋找雙方都能接受的折衷方法，將會是一種樂趣。

●菜鳥♎缺乏交流想法的經驗，因此容易不懂裝懂。請務必告訴他：「唯有詢問，才能真正明白。」並鼓勵他凡事都直接與對方確認清楚，也請讓他體驗透過友善問候與輕鬆閒聊所帶來的理解與連結感。如果他中途突然放棄或情緒爆發，那只是暫時性的反應，無需太過在意，待他冷靜後再重新鼓勵即可。

●帶有「英雄特質」的菜鳥♎習慣靠自己以強硬手段排除萬難。然而，與其讓他單打獨鬥，不如與他攜手合作、發揮彼此所長，這樣不僅能產生加倍的效果，也將大大加速他的靈魂揚升。請在他遇到困難時主動對他說：「我們一起解決吧！」、「我想學會這項技能，請助我一臂之力！」、「我希望你偶爾也能依賴我。」

心愛之人的星座
龍頭☊
天蠍座♏

如何幫助容易「因懷有過多渴望而總是欲求不滿」的菜鳥♏？

●菜鳥♏常抱持「他人是他人，自己是自己」的態度，與他人心靈保持距離。不過，如果你平時願意與他分享自己的近況與煩惱，並徵求他的意見與協助，將能讓他意識到「我們是一體」，進而促進彼此深入了解。此外，當他主動接近你、幫助你時，若你能真誠地表達感謝，他將會愈來愈親近你，甚至給予你超乎想像的支持。

●菜鳥♏擁有發現鮮為人知「寶藏」的眼光，因此請適時提醒他，去發掘心愛之人身上蘊藏的價值，而不只是關注自己。甚至，如果你邀請他成為你的「幕後推手」，你們將可能共同締造出乎預料的成果。

●菜鳥♏對於如何幫助心愛之人，其實不太拿手。因此請告訴他：「如果不知道該怎麼做，可以直接問我需要什麼幫忙。」而當他試圖幫助他人時，即便他對自己的方式充滿自信，也請建議他：「先按照對方的想法去試試看。」這樣反而更容易獲得對方的感激。

●若菜鳥♏能下定決心做出改變，將能大幅加速他的靈魂揚升。反之，如果他在今生總是不斷重複相同的行為模式，反而會使他的成長倒退。因此，請鼓勵他「打掉重練」、「從根本開始改變」，並提醒他：「即使無法立刻看到成效，也比原地踏步來得更好。」

☊
♏

心愛之人的星座
龍頭♌
射手座♐

如何幫助容易「因太過世故而失去自由」的菜鳥♐？

●菜鳥♐容易因接收過多資訊而迷失自我，甚至在交流訊息的過程中失去他人的信任。因此，在他開口說話前，請協助確認他所說的內容「是否摻雜謊言或誇飾」、「是否僅是個人主觀見解」。此外，若能請他「先說結論」，將有助於讓你們的對話更加清晰流暢。

●當菜鳥♐身處資訊爆炸的環境，無法順從直覺時，常會陷入難以做決定的困境。請鼓勵他勇於冒險，透過實際經驗學習，因為他的身心最清楚什麼才是真正重要的。如果你能推動他從事「自由」、「貼近自然」或「有助於學習」的活動，並盡量不加干涉，他將能以驚人的速度，從失敗中成長並重獲力量。

●請尊重菜鳥♐在大自然中、或沉浸於熱愛事物時所需的「獨處時光」。他離人群愈遠，就愈能加速靈魂的揚升，也愈容易在輕鬆自然的狀態下培養出「正面能量」與「靈感」。相反地，若剝奪他的自由，將使他內心動盪不安，並可能在無意間讓周遭陷入混亂。

●對菜鳥♐而言，說出無傷大雅的謊言或是客套話毫無正面影響。相反地，只要「目的」是為了坦白，即便傷人，最終肯定都有益於雙方。因此，請鼓勵他在關係中永遠誠實，並且一定要選擇適當的時機，坦承自己的心聲。

心愛之人的星座
龍頭☊
摩羯座♑

如何幫助容易「因心思太過細膩而庸人自擾」的菜鳥♑？

●菜鳥♑容易受到他人情緒與現場氛圍的影響，導致情緒波動劇烈。因此，請時常幫他確認終極目標，並具體詢問他「為了達成這個目標，現在該做哪些事」。同時，無論他心情如何，都持續支持他「以工作般的態度堅持下去」。

●菜鳥♑經常受他人左右，缺乏貫徹自我目標的經驗，內心常感不安。請協助他訂立具體可行的目標（例如：為了健康每天早上健走30分鐘、為了精進技能而持續線上學習等），並提醒他嚴以律己，盡量不被他人干擾。即便他偶爾怠惰，也請鼓勵他靠自己的力量重啟計畫，持續前行，耐心陪伴他達成目標。

●菜鳥♑從事愈多有益社會的工作，就愈能加速靈魂的揚升；反之，若過於關注自身情緒，便容易陷入鑽牛角尖。因此，請協助他轉換重心，引導他「優先從事對世人有益的行動」。當他從他人那裡獲得肯定與回報時，將更有自信，也能在做決定時不再受他人情緒影響。

●請教導菜鳥♑，可以將他人的評價視為自我校準的參考，當獲得他人讚賞時，代表「現在的自己正對他人有所助益」；若遭遇批評，則表示「目前的自己尚未能發揮對他人的價值」，藉此幫助他確認自己的能力狀態。

如何幫助容易「因擁有過多特權而變得自我中心」的菜鳥♒？

●時常於無意間吸引他人目光的菜鳥♒，容易因感情用事而引人反感。因此，請幫助他退後一步，以更寬廣的視角綜觀情勢，並與他探討狀況的癥結、大家所在乎的事情，以及該怎麼做才能改善等關乎全局的問題，而非著眼於個人情緒。

●當菜鳥♒渴望強行打破現狀時，請鼓勵他等待「最佳時機」。所謂最佳時機，指的是天時、地利、人和之際。在陪他等待的過程中，也請引導他將眼光放向更偉大的目標。

●菜鳥♒缺乏與他人共同發揮所長與差異的經驗，因此遇上難關時，常習慣「獨自解決」。但唯有當他能「把自己與他人視為一體」，而非「與他人切割開來」，才能加速靈魂的揚升。請提醒他適時把機會讓給別人，讓他更有機會看見他人的才華。如此一來，他將能與他人共同創造加倍的成效。

●菜鳥♒不擅與人自在相處，因此，請建議他有時可忽略對方的頭銜與地位，改以不失禮貌的「朋友語調」進行交流。這麼做將有助於提升親密度，並加深彼此理解。此外，當他因遭遇不順而哀怨自己的處境時，也請告訴他：「每個人都有相似的遭遇」，並舉出具體例子。

心愛之人的星座
龍頭☊
雙魚座♓

如何幫助容易「因過度完美主義而感到窒息」的菜鳥♓？

●菜鳥♓容易在發現缺失時，逐一挑剔批評。然而，只要他願意接納萬物的原貌，將能意外地更加平步青雲。因此，請提醒他放下精密計畫，並告訴他：「順其自然就好」、「往者不追，來者不拒」。即使他當下無法理解，肯定也能慢慢心領神會，最終滿懷溫柔、寬闊且無條件的愛。

●容易過度費神的菜鳥♓非常重視獨處時間。因此，當他正在安靜修養，或透過連結自然與宇宙的浩瀚能量來放鬆療癒時，請避免打擾他。而此時的他，也正默默療癒著周遭的一切。

●我們與他人、與世界始終緊密相連，所以當我們「批判他人」時，也必然會「遭人批評」。因此，請告訴菜鳥♓：「對他人與世界的批駁與溫柔，兜兜轉轉後，終將在某日悄然回到自己身上。」

●一心顧著修補錯誤的菜鳥♓，總是不斷與奇蹟擦身而過，因此，他始終難以相信眼前的一切其實是宇宙的「贈禮」。請務必提醒他先「靜下來、不作為」，再透過「擴展美好想像」來加速揚升，並告訴他，只要能將「依賴他人」視為「表達感謝」，便能挖掘出他人隱藏的溫柔與才華。

透過太陽星座⊙明白

今生理想模樣

靈魂決定在今生成為這樣的人！

每個人的靈魂深處，都烙印著在來世之前就已自行決定的「今生理想模樣」。同時，你也早已設下許多機制，引領自己朝理想邁進。

而太陽星座，即代表你的靈魂基於前世體驗，自行選擇的「今生理想模樣」。為了有效加速蛻變成「理想模樣」，你必須盡可能完成「今生課題（自第42頁起）」，使靈魂達到平衡，並學會善用那些阻礙揚升的「恐懼」與「不安」。

依據你朝理想模樣蛻變的程度，由低至高，共可分為「**膽小鬼捷諾**（蛻變前）」、「**達觀大師**（蛻變後）」，以及「**智者烏魯斯**（完全蛻變）」三個階段。請在了解各自特徵後，不時於生活中確認自己的蛻變程度。（也請務必參考各星座符號的顏色！）

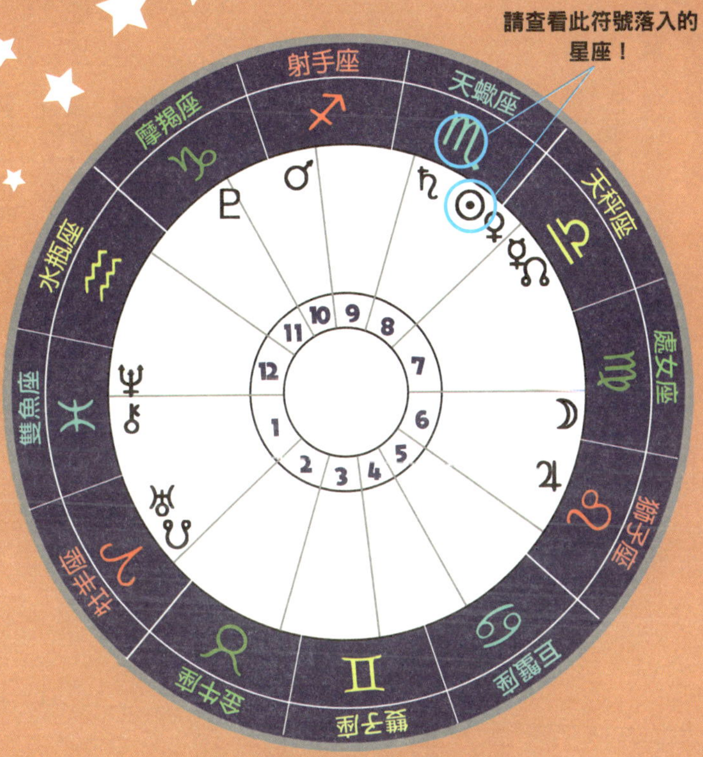

【各星座的能量與象徵的成長階段】

每個星座都有其獨特的能量，而靈魂藍圖占星術則以「靈魂的轉生經驗」來比喻每個星座的能量意象。眾人很容易誤會，其實，這並非是運用「發展心理學」等理論，來說明各星座分別對應到哪個個人發展階段。舉例而言，「如新生兒般」的牡羊座，並不代表比「如主管般」的摩羯座幼稚，而是「新生兒」能完美象徵活力十足的能量，「主管」則能完美象徵沉穩的能量。每個星座都各自扮演著重要角色，擁有獨特的使命。而我們會以隨機的方式體驗每個星座的能量，並在這個過程中持續揚升。

牡羊座 太陽

靈魂決定在今生成為這樣的人！

開闢未知道路！勇往直前的地球先驅

※請參閱第35頁的「靈魂之路地圖」

你的靈魂決定在此生如同即將臨世的**新生兒**，離開備受保護的子宮，全力通過狹小的產道，躍入充滿刺激與挑戰的世界一般，**充滿活力**。你此生的目的，就是要充分發揮**不屈不撓的能量**，即使一路困難重重、即使迷失方向，也都能自行克服阻礙，抵達無人能及之處。

和宇宙立下的契約

【第一條】連結地球豐盛的能量，並發揮自身能力，逐步打破「限制」與「絕路」。

【第二條】讓投胎至地球的靈魂眾生明白：「每個人都有無限可能」、「每個人都有能力發揮強大的生命力」。

宇宙贈予你的禮物

朝氣、勇氣、堅強、堅定的意志、直覺。

宇宙賦予你的力量

行動力、機動力、強悍的體力、危機處理能力、突破力。

今生理想模樣

蛻變前

膽小鬼捷諾 ♈

隨著你逐漸達成今生目標，你將能於今生開闢嶄新自我，並從膽小鬼捷諾進化為智者烏魯斯。

仍然害怕「暴露自身的脆弱」

靈魂尚未完全揚升、仍處在**膽小鬼捷諾**階段的你，依舊害怕暴露自身的「脆弱」，並容易在害怕時逞強。然而，這麼做反而使你更加恐懼。

你彷彿置身於幽暗的房間裡，無從知曉何處埋伏著敵人。微弱的風聲使你驚慌失措、手忙腳亂，搞得你筋疲力盡。即使想盡辦法入眠，也會因風聲而驚醒。

這樣的你，是否曾因遭意見稍有不合的人否定而煩躁不已，或因微小的誤會突然怒斥對方，認為他人明知故犯，最終反而被視為難以親近之人？儘管沮喪不已，卻又氣憤地不願服輸？

其實，我們會擁有「脆弱」與「恐懼」，是為了保護自己。只要你能認知到自己「現止畏懼不已」，你將能明白許多事物，例如「自己害怕的原因」、「面對恐懼的方法」，以及「這些其實都沒什麼大不了」。

同時，你也會領悟到不只是自己，「每個人都會因未知而恐懼」，甚至發現「眾人其實比自己更脆弱」。

最終，你將學會有效舒緩與放鬆身心的技巧，以及拋開內心畏懼的方法，同時找到能安撫與鼓勵自己的話語，從中獲得面對一切的勇氣與力量。而這些體悟，也將幫助你鼓舞並激勵身邊脆弱的人。

大家或許會因為你，發現自己未知的「堅強一面」，或是得以放遠嶄新的未來，甚至可能就此找回

「真正的力量」，而各自踏上真正的冒險。

唯有當你開始鼓起勇氣，正視自己的脆弱，這一切才會開始，也正是你邁向**達觀大師**、開拓未知未來的第一步。

阻礙揚升的「不安想法」

「我輸了。」

「我落於人後。」

「我不懂自己。」

「我居於劣勢。」

「一切阻礙重重。」

靈魂捎來的訊息

有件事，只有容易被認為「讀不懂空氣」、「自以為是」、且「缺乏耐心」的你才辦得到。

那就是——**以堅強的意志，一鼓作氣完成他人無法做到之事**，這正是只有你才能締造的奇蹟。因為一再察言觀色、在意外界步調、依賴他人，只會讓你漸漸遠離真正渴望的目標。

唯有「活出自我」的你，才能以不受外界干擾的速度，完成率先抵達未知境地的巨大挑戰。

即使摔跤、失敗，也請抱持「失敗是為了鍛鍊自我，因此一定會愈來愈進步。既然有時間難過，不如繼續向前奔馳」的氣勢追逐人生！如此一來，你將得以抵達截然不同的境界。

今生理想模樣

蛻變後

達觀大師 ♈

透過平時的言行檢測自己的達觀率，確認蛻變程度吧！隨著你不斷地蛻變，將會愈來愈滿意自己的人生！

蛻變程度檢測表

★經常這樣想，時常這樣做……A（10分）

★偶爾這樣想，有時這樣做……B（5分）

★不太會這樣想，幾乎不這樣做…C（1分）

合計分數＝達觀率（蛻變程度）

隨著蛻變程度提升，你將能享受靈魂在靈界預先設定的「稀有物品」、「獎勵」、「派對」或「活動」等。

0～49%……內心仍懷有不安與恐懼，無法活出「真實的自我」，也缺乏活力與生活動力。很可能尚未做好享受今生的準備。

50～89%……已能逐漸馴服不安與恐懼，並藉此「活出自我」，愈來愈能享受今生，也開始明白以「原貌」生活的價值。

90～100%……能運用不安與恐懼來辨別「不適合自己的事物」，並善用所有經驗助己揚升，同時享受、品味著自由且踏實的今生。

檢測表在下一頁！

達觀大師♈
今生理想模樣　蛻變程度檢測表

【擔綱自己的「粉絲俱樂部」會長】
重視自己勝過任何事，並認為這是非常重要的道理。 □

【能興奮地面對困難與挑戰】
認為最大的敵人就是「被恐懼打敗的自己」。 □

【頭腦單純且清晰】
認為單純直接最重要，內心毫無邪念，也覺得藉口與謊言非常惱人。 □

【喜歡當第一名】
凡事講求效率，總是能迅速脫離險境。 □

【表明自己的喜怒哀樂】
所有情緒都直接寫在臉上，並認為這樣更方便他人理解。 □

【能立即忘卻討厭的事物】
總是能迅速轉換心情，不讓壓力積壓在心裡。 □

【總是精神飽滿、活力充沛】
愈是不順，愈不輕言放棄！相信只要勇往直前，凡事自有出路！ □

【毫不在意旁人眼光】
能為了成為理想中的自己，不斷突破極限。 □

【擁有愈挫愈勇的自信】
即使屢屢遭遇挫折，也能迅速重整旗鼓，把握每一次機會。 □

【情況愈是艱辛，愈能與眾人心電感應】
即便只是遵從直覺勇往直前，也能意外融入環境，與周遭自然合拍。 □

合計分數
（達觀率）　　　%

⊙ ♈

今生理想模樣
完整進化

智者烏魯斯 ♈

靈魂在歷經好幾世不斷追求此理想模樣後，將會徹底揚升，完全拋開「不安」與「恐懼」，成為得以指導眾人的智者烏魯斯。

喚醒眾人開創人生的堅毅力量

投胎至地球的靈魂眾生，隨著長年累月的揚升，意識將會逐漸變得複雜、廣泛且模糊。

因此，若能剔除多餘的部分，濃縮最為重要的精華，將能一口氣提升自身能量，邁向下一個階段。

最重要的，是保持單純。只要全力以赴，即便身處困境，宇宙必定會為你注入無窮無盡的能量。凡是竭盡所能發光發熱的存在，最終都能與整體完美契合。無論他人如何看待你，宇宙至今仍持續運用你「突破極限的能量」來擴張世界。

成為**智者烏魯斯**的你，必定能為了美好的未來與宇宙的擴展善盡職責，激發每個人潛藏的爆發性力量。

太陽 金牛座

靈魂決定在今生成為這樣的人！

撼動五官！盡情享受地球豐盛的滿足之人

※請參閱第35頁的「靈魂之路地圖」

你的靈魂決定於此生如同純真潔淨的**嬰兒般**，不假思索地表達一切欲望，並透過五官**循序漸進地滿足身心**。你此生的目的，就是要充分發揮**愛與五官的能量**，即使願望無法立即實現，甚至結果不如預期，也必定能憑藉令人憐愛的笑容與超乎想像的執著，獲得嚮往的一切。

和宇宙立下的契約

【第一條】盡情享受只有在地球上才能體驗的感官歡愉，沐浴在宇宙源源不絕的豐沛「恩賜」之中，藉此擺脫「匱乏」的幻想。

【第二條】讓投胎至地球的靈魂眾生明白：「宇宙的能量隨時都在灌溉我們」、「讓自己滿懷幸福，就是在回饋宇宙」。

宇宙贈予你的禮物

豐盛、溫柔、堅毅、細膩、幸福。

宇宙賦予你的力量

擅於等待的能力、穩扎穩打的能力、追求極致美感的能力、安定力、毅力。

今生理想模樣
蛻變前

膽小鬼捷諾 ♉

隨著你逐漸達成今生目標，你將能於今生開闢嶄新自我，並從膽小鬼捷諾進化為智者烏魯斯。

仍然害怕「匱乏」

靈魂尚未完全揚升、仍處在**膽小鬼捷諾**階段的你，依然覺得這世界可怕至極。你也總會因「匱乏」而感到不安，唯有待在家中，或是躲回內心深處，才能感到安心。

每當遭逢不快或困難，你往往會渴望「閉上雙眼、掩住雙耳」，迅速逃回自己的祕密基地，默默享受個人的悠閒時光。儘管你在這個理想的避風港裡收集了許多能提振心情的事物，卻也常在看見他人擁有更加豪華迷人的東西時，突然陷入不安，因而萌生出強烈的匱乏感，渴望獲得一切。

你經常覺得，只要坐擁這些——無論是有形的物品，才華、技能等無形資源，或是金錢——所有煩惱便能煙消雲散。

對你而言，「重要的事物」是一種極為珍貴的存在，擁有得愈多，愈能保衛自我；擁有得愈少，則愈覺得自己暴露於危險之中。

因此，如果有人膽敢動用或搶奪你一點一滴累積下來的成果，那可就糟了。你將會笑著與對方默默斷絕往來，無論對方多麼難受，你也會惡狠狠地裝作毫不知情，徹底拋棄這段關係。正因為你平時習慣容忍，一旦下定決心放棄，就很難回頭改變。

然而，一旦你跳脫「匱乏」這種錯誤認知，並體認到自己其實領受了許多恩惠，你的世界將會出現天翻地覆的轉變。若你能精選出真正適合自己、並能帶來幸福的事物，就會發現，即使這些事物為數不多，依然足以讓你感到心滿意足。

最終，你將能適度地把不適合自己的事物交給真正需要的人，並從宇宙獲得豐富的回饋，擁有更多珍貴的體驗。

此時，你將能進化為**達觀大師**，向眾人傳遞這美麗的教誨，並構築一個充滿豐盛恩惠的優美世界。

阻礙揚升的「不安想法」

「我有所匱乏。」

「我不想失去。」

「我害怕失敗。」

「改變會帶來危險。」

「操之過急毫無用處。」

靈魂捎來的訊息

有件事，只有容易被認為「慢條斯理」、「我行我素」且「固執己見」的你才辦得到。

那就是——**保持「謹慎」的態度，同時相信自己的感受，靜候「一切水到渠成」**，這是只有你才能締造的奇蹟。凡事操之過急、雜亂無章、焦躁不安、三心二意，且敷衍了事的人，絕對無法做到。

唯有「活出自我」的你，才能在一切完全成熟的「最佳時機」到來前，盡情享受其中的豐盛，並花時間提升所有事物的品質。

請務必**永遠以取悅你出色的感官為目標，並迅速遠離那些刺激感官、令你感官不適的人、事、地、物。**

今生理想模樣

蛻變後

達觀大師 ♉

透過平時的言行檢測自己的達觀率，確認蛻變程度吧！隨著你不斷地蛻變，將會愈來愈滿意自己的人生！

蛻變程度檢測表

★經常這樣想，時常這樣做……A（10分）

★偶爾這樣想，有時這樣做……B（5分）

★不太會這樣想，幾乎不這樣做…C（1分）

合計分數＝達觀率（蛻變程度）

隨著蛻變程度提升，你將能享受靈魂在靈界預先設定的「稀有物品」、「獎勵」、「派對」或「活動」等。

0～49%……內心仍懷有不安與恐懼，無法活出「真實的自我」，也缺乏活力與生活動力。很可能尚未做好享受今生的準備。

50～89%……已能逐漸馴服不安與恐懼，並藉此「活出自我」。愈來愈能享受今生，也開始明白以「原貌」生活的價值。

90～100%……能運用不安與恐懼來辨別「不適合自己的事物」，並善用所有經驗助己揚升，同時享受、品味著自由且踏實的今生。

檢測表在下一頁！

達觀大師♉
今生理想模樣　蛻變程度檢測表

【內心如大地般安定】
能在日常生活中感受到深沉的安定感，並享受從容優雅的時光。

【渴望一點一滴踏實累積成效】
能以緩慢步伐持續邁進，絕不勉強自己。

【幾乎不在意任何事情】
不在乎眼前的芝麻小事，堅信美好未來終會到來。

【感官敏銳】
常能強烈感受到感官帶來的愉悅，並避免讓感官不適的情境。

【永懷感恩之心】
能發掘所有人事物的優點，藉此締造幸福的生活。

【尊重每個人的步調】
明白能讓一個人感到舒適的節奏，就是他的最佳步調。

【明白想要輕鬆滿足自己，療癒自己是第一步】
身體知道，只要運用自然的能量療癒自己，就能更輕鬆地滋養他人。

【能感受到物品和金錢蘊含的能量】
能依據所感受到的能量，挑選讓自己心情愉悅的事物。

【認為自己的感受比他人的想法更實際】
總是透過自身感受確認需求，而非單靠他人意見。

【永不焦急慌張】
相信現下手邊的一切，皆是宇宙在最佳時機安排予我的。

合計分數
（達觀率）　　%

今生理想模樣 完整進化

智者烏魯斯 ♉

靈魂在歷經好幾世不斷追求此理想模樣後，將會徹底揚升，完全拋開「不安」與「恐懼」，成為得以指導眾人的智者烏魯斯。

教導人類感官的最佳使用法，並帶領人類實際體驗地球的豐盛

所有投胎至地球的靈魂眾生，皆是從靈性世界蒞臨物質世界，因此，肯定都抱有許多疑惑。畢竟，靈界與擁有軀體的世界相比，無論是時間這道機制，或是想法顯化的速度，都大相逕庭。

而每個靈魂來到地球，其實都是為了學習運用時間之流「操控意識」、透過感官「與自然合作」，以及體驗其他地方無法獲得的特殊經歷。

尤其是時間與身體的限制，更能有效激發靈魂的力量與光彩，促使靈魂大幅揚升。而當你透過身體感受到舒服的顏色、聲音、香氣、味道與觸感時，也會自然散發出「感恩」這道高頻心靈能量，進而帶動靈魂、地球與宇宙的頻率穩定提升。

成為**智者烏魯斯**的你，必定能善盡職責，教導眾人運用感官，並帶領眾人實際體驗唯有在地球上才能感受到的豐盛。

太陽　雙子座

靈魂決定在今生成為這樣的人！

打破砂鍋問到底！以好奇心團結眾人的地球領袖

※請參閱第35頁的「靈魂之路地圖」

你的靈魂決定要於此生宛如**牙牙學語的孩童**般，**展露好奇心**，不僅對萬事萬物充滿興趣，還要向每位相遇的人發問，逐步增廣見聞。你此生的目的，就是要充分發揮**求知欲與情報交流的能量**，藉此從容親近各式各樣的人與經驗，並全面散播獲得的資訊，同時四處遊歷，追求刺激。

和宇宙立下的契約

【第一條】與形形色色、豐富多樣的靈魂眾生分享地球上的各種體驗，並從中培養「卓越的溝通能力」。

【第二條】熱情傳授投胎至地球的靈魂眾生「用靈魂對話的方法」，並一同「廣泛、輕鬆地共享資訊」。

宇宙贈予你的禮物

求知欲、幽默感、機靈的頭腦、敏捷的身手、高超的領悟力。

宇宙賦予你的力量

理解力、傳播力、搞笑能力、情報收集能力、切換視角能力。

今生理想模樣

蛻變前　膽小鬼捷諾 Ⅱ

隨著你逐漸達成今生目標，你將能於今生開闢嶄新自我，並從膽小鬼捷諾進化為智者烏魯斯。

仍然害怕「未知」

靈魂尚未完全揚升、仍處在**膽小鬼捷諾**階段的你，經常對「未知」感到相當不安。因此，你總是四處謀求資訊，彷彿只要盡可能收集多方意見和嶄新情報，就能找到答案。

然而，每當你獲得新資訊時，你心靈會議室裡的眾多心靈夥伴便會各持己見，導致意見分歧、難以統一。

而且，當你開口發言時，這些心靈夥伴還會擅自搶走麥克風發表意見。你是否曾因此被旁人認為「出爾反爾」，甚至連自己都不曉得哪一個才是真實的想法呢？

此外，當你試圖傳達自己也不太確定的事時，往往會習慣稍微修改措辭，或隱藏部分事實，以防他人發現自己的無知。

然而，如果這樣傳達的內容與事實略有出入，就容易在接下來的傳遞過程中誤差擴大，導致信用喪失。而且，儘管你明白應該把握最佳時機，以對方能接受的方式傳達事實，但往往隨著時間推移，你便會錯過機會，甚至乾脆忘記整件事。

即便你對「未知」感到不安，只要懂得善用「未知」的特性，並勇於向相遇的人提出問題，你將能大幅拓展自己的世界。

藉由燃起對眼前人事物的興趣、提出淺顯易懂的問題，你將發現：語氣與用詞的細微轉變能大幅改變溝通結果，也會逐漸理解每個人的矛盾心境。回過神來，原先爭執不休的心靈夥伴們也開始統合意見。

最終，當你深刻領悟到「有多少人，就有多少種對語言的解讀」時，你將能自由無阻地與他人溝通，與周遭建立起溫暖的連結，並進化為眾所稱羨、得以整合世界的**達觀大師**。

阻礙揚升的「不安想法」

「必須不斷求知。」

「我擔心遭人誤解。」

「我不明白真實的自己。」

「我害怕錯過資訊。」

「我害怕錯失良機。」

靈魂捎來的訊息

有件事，只有容易被認為「毛燥不安」、「不了解自己」且「三心二意」的你才辦得到。

那就是——**迅速、客觀地整合來自不同視角的資訊，並找出所有可行的解決方案**，這是只有你才能締造的奇蹟。因為你內建了數十台「監視器」，能即時捕捉來自四面八方的實情。

只從自我視角看待世界、或是跟不上環境變化的人，絕對無法辦到這件事。唯有「活出自我」的你，才能從多元角度掌握真相，並靈活、迅速地解決問題。

因此，請偶爾**投入不需思考的活動（如運動、冥想、反應遊戲等），當作定期保養，讓頭腦獲得休息，以維持最佳運轉狀態**。

今生理想模樣

蛻變後

達觀大師 Ⅱ

透過平時的言行檢測自己的達觀率，確認蛻變程度吧！隨著你不斷地蛻變，將會愈來愈滿意自己的人生！

蛻變程度檢測表

★經常這樣想，時常這樣做……A（10分）

★偶爾這樣想，有時這樣做……B（5分）

★不太會這樣想，幾乎不這樣做…C（1分）

合計分數＝達觀率（蛻變程度）

隨著蛻變程度提升，你將能享受靈魂在靈界預先設定的「稀有物品」、「獎勵」、「派對」或「活動」等。

0～49%……內心仍懷有不安與恐懼，無法活出「真實的自我」，也缺乏活力與生活動力。很可能尚未做好享受今生的準備。

50～89%……已能逐漸馴服不安與恐懼，並藉此「活出自我」。愈來愈能享受今生，也開始明白以「原貌」生活的價值。

90～100%……能運用不安與恐懼來辨別「不適合自己的事物」，並善用所有經驗助己揚升，同時享受、品味著自由且踏實的今生。

檢測表在下一頁！

達觀大師 ♊
今生理想模樣　蛻變程度檢測表

【能迅速獲得必要資訊】
心中產生好奇時，答案經常從天而降。

【擅於用歡笑療癒一切】
明白只要保持笑容，任何艱難的情況終將柳暗花明。

【能配合他人改變溝通方法】
清楚掌握何時、何地該說什麼，以及什麼時候應當保持沉默。

【明白話語具有魔法】
知道美好的話語能夠改變人心，締造無數奇蹟。

【認為停下來將會前功盡棄】
持續挑戰在此生結識更多人、累積更多經驗。

【渴望傳遞有益日常生活的智慧】
因幫助他人發掘各自「珍視的事物」而深感滿足。

【心中各個面向的自己無時無刻都在開會】
明白重視各種矛盾與價值觀，能大大拓展自己的世界。

【明白用心傾聽他人等同於了解自己】
明白懷抱溫柔並興致勃勃地向他人提問，能同時明瞭自己真實的心情。

【擁有備受讚揚的教學能力】
懂得在溝通時理解彼此差異，並配合對方的說話方式與節奏，更順利地傳遞訊息。

【領悟力高】
總是能迅速找出高效率的做法，讓人驚嘆不已。

合計分數
（達觀率）　　　%

今生理想模樣
完整進化

智者烏魯斯 ♊

靈魂在歷經好幾世不斷追求此理想模樣後，將會徹底揚升，完全拋開「不安」與「恐懼」，成為得以指導眾人的智者烏魯斯。

提升人類溝通的格局

所有投胎至地球的靈魂眾生，只要能找回自身的能力與感受，便得以連結地球上所有的生命與經驗。

而若要藉由肉身與其他靈魂分享更多經驗，就必須培養「複雜人際網絡」中不可或缺的「優秀溝通能力」。

事實上，我們幾乎無法單靠言語，完整表達自己真正想傳達的內容。唯有透過「言語之外的技巧」、「淺顯易懂的理論」與「好奇心」，讓雙方靈魂瞬間產生共鳴，才能跨越誤解與差異，帶來感動，同時共享資訊。

而宇宙將會把這些眾人共享的資訊，逐一輸入浩大的共享資料庫，並於往後持續加以活用。

成為**智者烏魯斯**的你，肯定能善盡職責，帶領眾人體驗這場溝通的奇蹟。

太陽　巨蟹座

靈魂決定在今生成為這樣的人！

孕育溫馨的地球大家庭！帶給眾人歸屬感的共感人

※請參閱第35頁的「靈魂之路地圖」

你的靈魂決定要於此生宛如**幼稚園兒童**般，穿梭於如家般安心的所在與嶄新的世界之間，**帶著清新與活力，從中感受不安、興奮等各式各樣的情緒**。你此生的目的，就是要充分發揮**愛與情緒的能量**，藉由情感與家人及相遇的人建立溫暖的繫絆，共組一個大家庭。

和宇宙立下的契約

【第一條】平衡地球上混亂的情緒能量，並在與周圍靈魂眾生建立的溫暖舒適圈中，締造「溫情」與「療癒」。

【第二條】讓投胎至地球的靈魂眾生明白：「情緒是靈魂捎來的訊息」、「情感能夠療癒自己和心愛之人」。

宇宙贈予你的禮物

柔情、溫暖、療癒力、感受力、豐富的情緒。

宇宙賦予你的力量

感知力、包容力、共感能力、培育力、防禦力。

今生理想模樣

蛻變前　膽小鬼捷諾 ♋

隨著你逐漸達成今生目標，你將能於今生開闢嶄新自我，並從膽小鬼捷諾進化為智者烏魯斯。

仍然害怕「受傷」

靈魂尚未完全揚升、仍處在**膽小鬼捷諾**階段的你，仍然害怕受傷，因此，你拚命辨別何人安全、何人可能傷害自己，並不斷衡量自己與他人的距離，內心充滿害怕與恐懼。

這樣的你，彷彿住在內心的高塔裡，與不會傷害你的安全人士相互依偎。這座塔的周圍設有「內護城河」、「中護城河」及「外護城河」，最外圍甚至還有一座「外牆」，將你與世界阻隔開來。與你生活息息相關的人分別住在各個區域，而你每天都站在高塔頂端，確認每個人對待你的態度，並像是移動棋盤上的棋子般，調整自己與他人的安全距離。

「過去嚴重傷害你的人們」將被你毫不留情地驅逐於守護你世界的牆外，永久遭到放逐。而那些位處外牆邊緣、不知是否應當放逐的人們，時常令你備感壓力。麻煩的是，無論這些人風評多差，只要他們佯裝喜歡你，你就會勉強縱容他們待在牆內，任憑他們用無形的刀子傷害你，並為他們的傷害辯解。

只是，總有一天，你將會發現「所有傷害帶來的疼痛」，其實是你迷失方向的徵兆，而這些疼痛將成為協助你靈魂揚升的「催化劑」。你也曾明白，並非只有你害怕「受傷」，其實大部分的人，甚至連傷害你的人，都「努力不讓自己受到傷害」。

此時，你將能感受他們深藏的艱辛與痛苦，而你內心的外牆也將隨之倒塌。最終，你將能看見他們真正的光彩與優點，而許多人也能藉由你溫暖的目光，發掘真正的自己。

同時，你也能領悟：不完美正是能有效幫助每個人共同成長與揚升的關鍵，而你也將得以著眼於自身的強項與光芒。在你明白「自己不會再受到任何傷害」時，你將能進化為孕育地球大家庭的**達觀大師**。

阻礙揚升的「不安想法」

「我害怕受傷。」

「我缺乏歸屬感。」

「我害怕得不到愛。」

「我會讓別人心情不好。」

「他人肯定無法明白。」

靈魂捎來的訊息

有件事，只有容易被認為**「喜怒無常」、「憂心如焚」且「多管閒事」**的你才辦得到。

那就是——**敏銳察覺、體會他人的艱辛**，並在他人陷入痛苦之前**給予協助**，這是只有你才能締造的奇蹟。遲鈍、缺乏想像力、獨善其身、總是自顧不暇的人絕對無法做到。

唯有「活出自我」的你，才能感同身受他人的心情，並在不讓自己深受影響的情況下，設想對方的處境，於最佳時機伸出援手。

過度聚焦於「自身情緒」，勢必只會換來痛苦，與其如此，不如**找尋並療癒與你擁有相似情緒的人。你肯定也會因為在不知不覺間與他人產生共鳴，而療癒了自己。**

今生理想模樣 蛻變後

達觀大師 ♋

透過平時的言行檢測自己的達觀率，確認蛻變程度吧！隨著你不斷地蛻變，將會愈來愈滿意自己的人生！

蛻變程度檢測表

★經常這樣想，時常這樣做……A（10分）

★偶爾這樣想，有時這樣做……B（5分）

★不太會這樣想，幾乎不這樣做…C（1分）

合計分數＝達觀率（蛻變程度）

隨著蛻變程度提升，你將能享受靈魂在靈界預先設定的「稀有物品」、「獎勵」、「派對」或「活動」等。

0～49%……內心仍懷有不安與恐懼，無法活出「真實的自我」，也缺乏活力與生活動力。很可能尚未做好享受今生的準備。

50～89%……已能逐漸馴服不安與恐懼，並藉此「活出自我」。愈來愈能享受今生，也開始明白以「原貌」生活的價值。

90～100%……能運用不安與恐懼來辨別「不適合自己的事物」，並善用所有經驗助己揚升，同時享受、品味著自由且踏實的今生。

檢測表在下一頁！

達觀大師♋
今生理想模樣　蛻變程度檢測表

【能自然而然感受到他人的心思】
即便不說話，也能奇蹟似地明白對方情感深處的真實情緒。

【渴望溫暖、安定每個地方】
只要心愛之人安然無恙，能夠透過肌膚感受到現場氛圍流動的你就能感到安心。

【明白自己的情緒週期】
明白任何情緒終將過去，因此能細細體會每道情緒。

【清楚明白敏感並不等於脆弱】
明白發掘自身情緒，和被情緒左右、牽制是完全不同的事。

【能和頻率不合的人保持一定的距離】
與討厭、頻率不同的人保持距離，是你最大的溫柔。

【能立即明白與他人互補的方法】
能「喜歡」彼此的脆弱與缺點，並立即明白如何善用彼此的優點。

【能給予對方拒絕和討厭的自由】
能毫不猶豫地伸出援手，即便遭對方討厭、拒絕，也不因此受傷。

【決意赴湯蹈火守護心愛的事物】
能不惜一切守護穩定的生活和心愛之人。

【視所有值得信任的生命為靈魂家人】
擁有能接納彼此原貌、互相扶持、超越血緣的家人。

【擅於感受幸福】
視日常微小的幸福為至高無上的寶物，每天都心滿意足。

合計分數
（達觀率）　　%

今生理想模樣

完整進化

智者烏魯斯 ♋

靈魂在歷經好幾世不斷追求此理想模樣後，將會徹底揚升，完全拋開「不安」與「恐懼」，成為得以指導眾人的智者烏魯斯。

提升人類情緒能量的層次，並帶領人類建立宇宙家庭

所有投胎至地球的靈魂眾生，為了完美執行靈魂藍圖，都裝載了「情緒」這副靈魂導航。這副靈魂導航一旦設定好，只要你稍微偏離軌道，或是接收到無用的資訊，就會「悶悶不樂」；而當你走向靈魂期盼的道路，或是獲得有用的情報，則會「雀躍不已」。

此外，情緒還能活化並療癒停滯的負面能量。透過勃然大怒、放聲大哭，你將得以舒展身心，並因此想到解決方案；藉由大笑，你將能忘卻煩惱，並把注意力拉回重要的事情上。對人類而言，最豐富奢侈的事物，就是透過互相分享深刻的情緒，彼此扶持與療癒。

成為**智者烏魯斯**的你，肯定能善盡職責，教導眾人完美運用情緒，並帶領眾人組織規模宏大的宇宙家庭。

太陽 獅子座

靈魂決定在今生成為這樣的人！

悠遊地球這座遊樂場！全力展現生活樂趣的創造者

※請參閱第35頁的「靈魂之路地圖」

你的靈魂決定要於此生宛如**小學生**般，滿懷渾然天成的自信與希望，並把每天當成悠閒自在的暑假，放肆玩樂、**天真無邪地生活**。由於你相信自己是獨一無二的特別存在，並引頸期盼能過上充滿愛、喜悅與讚美的人生，因此，你此生的目的，就是要抱持鍥而不捨的堅強意志，充分發揮**創造與展現的能量**。

和宇宙立下的契約

【第一條】 於地球發揮意志、喜悅與愛的能量，一步一腳印締造理想生活。

【第二條】 讓投胎至地球的靈魂眾生明白「生活的喜悅是由自己創造」、「眾人的創造將能打造宇宙」。

宇宙贈予你的禮物

開朗、玩心、好運、自尊心、魅力。

宇宙賦予你的力量

創造力、表演能力、領導能力、號召力、活力。

今生理想模樣

蛻變前

膽小鬼捷諾 ♌

隨著你逐漸
達成今生目標，
你將能於今生
開闢嶄新自我，
並從膽小鬼捷諾
進化為智者烏魯斯。

仍然害怕「暴露自卑的一面」

靈魂尚未完全揚升、仍處在**膽小鬼捷諾**階段的你，依舊拚命掩飾自己對「不被認可」的恐懼。這樣的你，是否曾經因此變得咄咄逼人、傲睨萬物，或是更加畏首畏尾呢？

這樣的你，彷彿在生活這座舞臺上演出一齣引人入勝的戲劇，並在這齣戲裡換上各式各樣的面具，積極討人歡心。只要引人注意，你便能感到安心，宛如自信十足的紅牌演員般大顯身手。

不過，一旦大家轉移目光，你便會忽然感到畏懼、不知所措，彷彿迷路的孩童般四處吶喊，想盡辦法讓旁人依循你的想法行動。只要能喚回眾人的注意，即便是你排斥的事情，你也會嘗試執行。

此外，由於你內心深處總認為自己「不可能被愛」，因此總是積極找尋「不被愛的證據」。無論眾人給予你多大的讚賞與認可，你都會自行提高標準，認為「如果別人真心稱讚，絕對不只這樣」，而忽略眾人的聲音。

因此，只要你能接納內心這份「不被眾人認可即缺乏價值」的自卑，並相信這樣的自己也值得被愛，願意以真實的模樣生活，你將能進化為魅力四射的**達官大師**。比起任性妄為的你，眾人肯定更願意幫助那位能夠表達內心艱辛與不安，並積極向前的你。

眾人在看見你歷經多次失敗，依舊不屈不撓，邁向驚人成功的身影後，肯定會反思自己，進而發掘出自己的夢想，最終找回、成為真實的自己。而且，他們肯定也會憧憬你那閃閃發光的堅毅力量，並為你在身處黑暗之中依舊相信自己、持續努力的身影喝采，你的支持者肯定也會因此與日俱增。

阻礙揚升的「不安想法」

「我害怕遭人輕蔑。」
「我害怕讓人失望。」
「我無法獲得認可。」
「他人可能在質疑我。」
「他人正在嘲笑我。」

靈魂捎來的訊息

有件事，只有容易被認為**「任性妄為」、「自以為是」且「愛出風頭」**的你才辦得到。

那就是——**堅持自己的意志與思想，藉此吸引他人的意識能量，並為了鼓舞他人，全心全意發光發熱**，這是只有你才能締造的奇蹟。不了解自己、喜歡趨炎附勢、委曲求全的人，絕對無法展現此技能。

唯有「活出自我」的你，才能自信、坦率地分享自己眼中的美好事物，並在他人面前展現十足魅力。

若這份能力不只運用於你個人，**更能發揮在「帶領旁人找出理想」、「整合眾人意見」，或是「發掘每個人各自的光彩，使他們成為鎂光燈焦點」**，你的人氣將能迅速攀升！

今生理想模樣

蛻變後

達觀大師 ♌

透過平時的言行
檢測自己的達觀率，
確認蛻變程度吧！
隨著你不斷地蛻變，
將會愈來愈滿意
自己的人生！

蛻變程度檢測表

★經常這樣想，時常這樣做……A（10分）
★偶爾這樣想，有時這樣做……B（5分）
★不太會這樣想，幾乎不這樣做…C（1分）

合計分數＝達觀率（蛻變程度）

隨著蛻變程度提升，你將能享受靈魂在靈界預先設定的「稀有物品」、「獎勵」、「派對」或「活動」等。

0～49%……內心仍懷有不安與恐懼，無法活出「真實的自我」，也缺乏活力與生活動力。很可能尚未做好享受今生的準備。

50～89%……已能逐漸馴服不安與恐懼，並藉此「活出自我」。愈來愈能享受今生，也開始明白以「原貌」生活的價值。

90～100%……能運用不安與恐懼來辨別「不適合自己的事物」，並善用所有經驗助己揚升，同時享受、品味著自由且踏實的今生。

檢測表在下一頁！

達觀大師♌
今生理想模樣　蛻變程度檢測表

【能擔起所有責任，不怪罪他人】
認為所有經歷過的痛苦和失敗都能幫助自己成長，而意志力是邁向成功的核心關鍵。 □

【明白每件事情都有好的一面】
能夠立即想到每件事情的快樂結局。 □

【有幸擁有許多粉絲】
也許你未曾察覺，但旁人時常認為你擁有無懈可擊的吸引力。 □

【認為每個人都有得以發光發熱的舞臺】
總能明白自己與他人大放異彩的方法，十分神奇。 □

【認為單純也是一種魅力】
認為保持純真、正直，以及開朗積極的心態，將能獲得眾人的支持。 □

【是名遊樂人間的專家】
相信比起追求「正解」，尋求「歡樂」更能帶領自己享受一切。 □

【相信每個人都有自己的獨特能力】
能運用自身源源不絕的創造力，盡情展現自我。 □

【明白一切皆從愛自己開始】
能喜歡現在的自己與任何人，並感受到自己被深深愛著。 □

【認為經驗勝過一切】
認為若能基於實際經歷發表體悟，將更具自信與說服力。 □

【認為盡好本分，好運自來】
相信「好運」是全力以赴後，自然會降臨的奇蹟。 □

合計分數
（達觀率） □ %

今生理想模樣

完整進化

智者烏魯斯 ♌

靈魂在歷經好幾世不斷追求此理想模樣後，將會徹底揚升，完全拋開「不安」與「恐懼」，成為得以指導眾人的智者烏魯斯。

帶領人類運用高維度力量，開心地顯化

信念與喜悅的能量，是幫助投胎至地球的靈魂眾生於三次元世界中顯化成功的強大工具。

當人的肉體、精神與靈魂皆散發同一個信念，且內心滿懷喜悅時，將能以最快的速度顯化成功。

最能顯化成功的強大信念，往往藏在意識最深層。因此投注信念時，務必確認意識底層的真實想法。若深層思維是懷疑自己、害怕無法達成理想，這股畏懼將化為你投入的強大信念，率先實現。所以，即便身處黑暗深淵，也請務必保持希望，帶著喜悅前行，才能大幅提升創造力。

成為**智者烏魯斯**的你，肯定能善盡職責，帶領眾人好好體驗這精采的宇宙創造法則。

太陽 處女座

靈魂決定在今生成為這樣的人！

為了將世界打造成理想國度！維持整潔與健康的地球工作者

※請參閱第35頁的「靈魂之路地圖」

你的靈魂決定要於此生宛如純真的**青少年**般，即使面對現實的矛盾與混沌，也要持續勇往直前，實現理想。你此生的目的，就是要發揮**實現理想的能量**，為了不讓美好的夢想因現實的束縛而腐朽，繃緊神經，立定精確縝密的目標，並實際整頓規劃。

和宇宙立下的契約

【第一條】 整頓一切混亂，並致力執行自己立定的計畫，以提升身心與社會的健康。

【第二條】 讓投胎地球的靈魂眾生明白「照顧自己的健康，即是在愛護地球和宇宙」。

宇宙贈予你的禮物

純淨、知性、勤勉、誠實、犧牲奉獻的心。

宇宙賦予你的力量

專注力、執行力、分析能力、規劃能力、靈活的修整能力。

今生理想模樣

蛻變前

膽小鬼捷諾 ♍

隨著你逐漸達成今生目標，你將能於今生開闢嶄新自我，並從膽小鬼捷諾進化為智者烏魯斯。

仍然害怕「雜亂無章」

靈魂尚未完全揚升、仍處在**膽小鬼捷諾**階段的你，依然十分害怕「混亂」。事實上，這個世界根本就是一團糟，不僅隨處充滿偷工減料的事物，人們還會不負責任地胡言亂語，四處引發爭端。一切皆雜亂不堪，而你對此感到萬分不滿。對腦中映著一塵不染、美麗清淨世界的你而言，現實彷彿與理想相去甚遠。

因此，你做出了整頓世界的覺悟，同時也立下了計畫。只是，儘管你知情達理，卻總覺得自己沒時間為他人的故事流淚。而且，你在整理、分類、歸納的同時，還會默默觀察周圍三公尺內所有人的工作模樣，以記下「有益」及「無益」之人。

此外，雖然你願意向眾人說明既能提升效率、又能完美精確執行計畫的方法，但人們卻往往因為你的叮嚀過於瑣碎而缺乏執行力。

最終，認定已經無法抵達理想境界的你，便會因為覺得事情若無法十全十美，不如乾脆放棄，而選擇任由世界自生自滅。

其實，你本該能理解「人類並非完美」、清楚明白人人皆有優缺，並了解安於本分、以原貌生活的價值。因此，只要你能放輕鬆，稍微拋開「完美」的幻想，並找回輕微疏失、推遲、不妥與缺失所帶來的「寬鬆」、「幽默」與「溫暖笑容」，人們便會因為你的轉變，開始朝著更好的方向，一點一滴努力邁進。

當你發現，比起提出尖銳的批評，花費心力給予「無微不至的支持」更能讓人逐漸找回自律的力量時，你將能進化為**達觀大師**，激發每個人身上「維持井然有序且一塵不染的世界的能力」。

阻礙揚升的「不安想法」

「雜亂無章會釀成禍害。」

「若偏離計畫，一切將會失控。」

「出差錯就完了。」

「必須盡善盡美。」

「這世界滿是未竟之事。」

靈魂捎來的訊息

有件事，只有容易被認為**「細心」**、**「神經質」且「囉嗦」**的你才辦得到。

那就是——**嚴謹**、**細膩**、**完美地整頓事物**，這是只有你才能締造的奇蹟。大剌剌、少根筋、不擅處理細節，導致生活雜亂無章的人，絕對無法做到。

唯有「活出自我」的你，才能為了讓人生更接近理想，立即察覺容易引發災禍的小問題，並在任何混亂中依舊穩定前行。

對自己這些特質肯定瞭若指掌的你，與其因追求完美而心力交瘁，**不如保有「和之前相比有進步即可」的信念，維持輕鬆持久的步調吧！**

今生理想模樣

蛻變後 達觀大師 ♍

透過平時的言行檢測自己的達觀率，確認蛻變程度吧！隨著你不斷地蛻變，將會愈來愈滿意自己的人生！

蛻變程度檢測表

★經常這樣想，時常這樣做……A（10分）
★偶爾這樣想，有時這樣做……B（5分）
★不太會這樣想，幾乎不這樣做…C（1分）

合計分數＝達觀率（蛻變程度）

隨著蛻變程度提升，你將能享受靈魂在靈界預先設定的「稀有物品」、「獎勵」、「派對」或「活動」等。

0～49％……內心仍懷有不安與恐懼，無法活出「真實的自我」，也缺乏活力與生活動力。很可能尚未做好享受今生的準備。

50～89％……已能逐漸馴服不安與恐懼，並藉此「活出自我」。愈來愈能享受今生，也開始明白以「原貌」生活的價值。

90～100％……能運用不安與恐懼來辨別「不適合自己的事物」，並善用所有經驗助己揚升，同時享受、品味著自由且踏實的今生。

檢測表在下一頁！

達觀大師 ♍
今生理想模樣　蛻變程度檢測表

【能夠量力而為】
認為忠於自我最重要，一旦勉強自己，只會導致局面更加混亂。

【能注重細節，但不拘泥於完美】
認為透過調整細節改善事情，比追求完美更重要。

【明白規律生活有助於改善心情】
心情愈是低落，愈能注重自己的飲食生活、睡眠與衛生。

【能平心靜氣解決一切混亂】
認為若有時間擔心，不如起身整頓。

【明白注重眼前的細節能帶來重大變化】
明白那些他人未注意到的細節，往往對結果有深遠影響。

【能配合他人與現況調整態度】
尤其在給出較為尖銳的評論時，總能依對方的個性、處境與界線，靈活調整說法。

【懂得自我實現，為自己打造幸福】
認為只要實行針對目標制定的精密計畫，就能實現大部分的願望。

【不以貌取人】
認為每個人都有自己的弱點與進步空間，關鍵在於找到能發揮這些特質與潛力的舞臺。

【能立即察覺所有的無謂與浪費】
只要仔細觀察、分析，就能立即推導出無用的作法與流程。

【認為透過實際行動助人快樂無比】
只要實際幫助他人排解煩惱，並看見對方展露笑容，就能從中感受到生活中純粹的喜悅。

合計分數
（達觀率）　　%

今生理想模樣

完整進化　智者烏魯斯 ♍

靈魂在歷經好幾世不斷追求此理想模樣後，將會徹底揚升，完全拋開「不安」與「恐懼」，成為得以指導眾人的智者烏魯斯。

指導人類運用高維度的能量療癒身心與地球

對投胎至地球的靈魂眾生而言，既要維持高度的靈性，又要與三次元的肉體欲望共存，實在是相當困難。然而，若要有效率地完成靈魂藍圖，身心的狀態就必須與靈魂的頻率相近。因此，我們需要學習各種實用技巧。

而這些技巧的核心精髓，就是——「對身體有益的事物將能穩固地球」、「對心靈有益的事物將能療癒地球」、「對靈魂有益的事物將能滋養地球」。

世間萬物皆為一體，這並非困難或特別的道理。所有事物的答案，也都散落在我們邁開步伐、用心走出的生活裡。

成為**智者烏魯斯**的你，也許會覺得這份任務微不足道且理所當然，但你肯定能善盡職責，帶領每個人天天執行這些足以影響宇宙的重要行動。

天秤座　太陽

靈魂決定在今生成為這樣的人！

崇尚和諧之美！與眾人共處的地球親善使者

※請參閱第35頁的「靈魂之路地圖」

你的靈魂決定要於此生宛如成熟的**社會人士**般，重視人類的和平，並透過從他人的眼光眺望世界、與他人跨越價值觀的差異互相交流，與萬物**和諧共處**。你此生的目的，就是要充分發揮**合夥與繁榮的能量**，不僅要以優雅的禮儀與善解人意的心化解諸多爭執，還要與他人平等互惠，共創繁榮。

和宇宙立下的契約

【第一條】與地球萬物和平共處，並與靈魂眾生相知相惜、相互啟發，實現共存與共榮。

【第二條】讓投胎至地球的靈魂眾生明白「平衡自己的內在，即是在締造與心愛之人、世界及宇宙之間的和諧」。

宇宙贈予你的禮物

溫柔、優雅、貼心、人脈、時尚眼光。

宇宙賦予你的力量

平衡力、調節力、交涉能力、善解人意的能力、翻譯能力。

今生理想模樣
蛻變前

膽小鬼捷諾 ♎

隨著你逐漸達成今生目標，你將能於今生開闢嶄新自我，並從膽小鬼捷諾進化為智者烏魯斯。

仍然害怕「遭人厭惡」

靈魂尚未完全揚升、仍處在**膽小鬼捷諾**階段的你，最害怕遭人厭惡。總是擔心自己「是否遭人說三道四」、「是否有帶給他人良好印象」的你，經常透過鏡子，或是展示窗的反射來反覆確認自己的身影，並掛心著暗地裡的敵人。也因為如此，即使只是熱烈的討論，對你而言都像是一場激烈的戰爭。

此外，認為只要失去笑容、說出失禮的話，或做出輕浮的舉動而遭人側目，暗地裡的敵人就會增加的你，無論他人笑得多麼燦爛，你都會擔心他是潛在的敵方。

而且，他人隨意的抱怨，在你耳裡聽來經常不只是單純的發洩，你甚至還會因此擔心自己在世界的某處，也像這樣遭人閒言閒語。這樣的你，是否在他人有事相託時，比起猶豫，更容易先帶著笑容殷勤答應，並一味地討對方歡心，搞得自己筋疲力盡呢？

事實上，你常常莫名缺乏自信，愈是重要的事情，愈容易依賴他人，任由他人掌舵你的人生。正因為你覺得自己內心缺乏分辨重要事物的能力，才會讓自己在不知不覺間，對滿懷自信的人唯命是從，並把決定權交到他們手中。

不過，只要你能把焦點放在「對方」身上，從對方的視角看世界，而非「擔心自己遭到厭惡」，你的世界將有所轉變。就如同我們可以從不同孔洞欣賞同一道風景一般，凡事並非只有一道正解。只要你能收集並帶著每個人眼中各自的一隅風景前往爭論的戰場，你那講求公平與平衡的信念，便會串起所有的景色，將其拼回最初的壯大風景。

而且，在你以自信滿滿的模樣提出公平方案的影響之下，眾人將能彼此互相尊重，冷靜地交換意見。最終，當世界開始和平共處，你便能進化為身旁總是環繞溫暖微笑、備受眾人愛戴的**達觀大師**。

阻礙揚升的「不安想法」

「被討厭就完蛋了。」

「我害怕爭執。」

「我討厭遭到冷落。」

「我不知道該如何處理不公不義的情況。」

「我有選擇障礙。」

靈魂捎來的訊息

有件事，只有容易被認為**「優柔寡斷」**、**「八面玲瓏」**且**「缺乏主見」**的你才辦得到。

那就是——**從對方的視野看世界，並毫無偏見地找出每個人身上獨有的美**，這是只有你才能締造的奇蹟。當機立斷、習慣以有色眼光看世界的人，絕對無法做到。

唯有「活出自我」的你，才能發掘事物的正反兩面，並在每件醜陋、陰暗的事物中找到光輝，同時歌頌那凸顯光輝的陰影之價值。

而能夠清楚看見每件事物「光與影」的你，也別忘了：**自己身上的濃厚陰影，肯定也能完美襯托自己散發的美麗光彩**，因此，也請務必好好重視它。

今生理想模樣

蛻變後

達觀大師 ♎

透過平時的言行
檢測自己的達觀率，
確認蛻變程度吧！
隨著你不斷地蛻變，
將會愈來愈滿意
自己的人生！

蛻變程度檢測表

★經常這樣想，時常這樣做……A（10分）
★偶爾這樣想，有時這樣做……B（5分）
★不太會這樣想，幾乎不這樣做…C（1分）

合計分數＝達觀率（蛻變程度）

隨著蛻變程度提升，你將能享受靈魂在靈界預先設定的「稀有物品」、「獎勵」、「派對」或「活動」等。

0～49％……內心仍懷有不安與恐懼，無法活出「真實的自我」，也缺乏活力與生活動力。很可能尚未做好享受今生的準備。

50～89％……已能逐漸馴服不安與恐懼，並藉此「活出自我」。愈來愈能享受今生，也開始明白以「原貌」生活的價值。

90～100％……能運用不安與恐懼來辨別「不適合自己的事物」，並善用所有經驗助己揚升，同時享受、品味著自由且踏實的今生。

檢測表在下一頁！

達觀大師♎
今生理想模樣　蛻變程度檢測表

【能從他人的視角觀看自己與世界】
能站在對方的立場看事情，理解彼此之間的差異。

【能以溫和的方式營造和諧與滿足】
能與他人和平地討論彼此的心聲，積極找出彼此的優點。

【無論對方是否討厭自己，都真心想理解對方】
不論對方展現何種態度，都不放棄試著了解對方。

【能豪爽地表明自己的意見】
能在傾聽對方想法並了解狀況之後，豪爽地表達自己的主張。

【注重和諧勝過準確性】
深知強調「準確性」往往會引發衝突，唯有與自己不同的人事物保持距離、各自發光發熱，才能達成和諧。

【致力與他人共存、共榮】
渴望將自己與他人的特質發揮得淋漓盡致，彼此互助、共榮。

【認為世界永遠維持著巧妙的平衡】
相信彼此的付出與收穫必須保持平衡，才能有益雙方。

【深信常保好奇心，細心地發問，將能有重大發現】
深信細心的提問能讓對方釐清連自己都未曾察覺的心境。

【能夠立即想出緩和尷尬氣氛的方法】
能不受現狀表象影響，立即想出營造美好氛圍的點子。

【能與任何人相談甚歡】
認為笑容、問候與閒聊是讓世界更加美好的禮物。

合計分數
（達觀率） %

今生理想模樣 完整進化 智者烏魯斯 ♎

靈魂在歷經好幾世不斷追求此理想模樣後，將會徹底揚升，完全拋開「不安」與「恐懼」，成為得以指導眾人的智者烏魯斯。

傳授人類與萬物和諧共存，並共同締造最大價值的方法

若投胎至地球的靈魂眾生能夠互相尊重彼此的差異，並不忽視自身的價值，將能有效維持宇宙的平衡。

在這個宇宙裡，萬物皆不可或缺，因此，我們必須適時保持適當距離，才能讓每個人安心做自己。

因此，請務必明白：「萬物皆必須忠於自我，才具有價值」、「萬物皆藉由陰陽之間的循環來達成平衡」、「萬物永遠都處在最完美的和諧狀態」。

若你能花時間慢慢接近與自己不同的人事物，而非試圖改變他們，你將能找出彼此皆能蓬勃發展的平衡點。

成為**智者烏魯斯**的你，肯定能善盡職責，帶領眾人找出「萬物的價值」，促進宇宙的和諧。

太陽 天蠍座

靈魂決定在今生成為這樣的人！

帶著破壞與重生的天賦！體驗靈魂交融能量的薩滿

※請參閱第35頁的「靈魂之路地圖」

你的靈魂決定要於此生宛如他人的**雙生火焰**般，與他人一同跨越「人」這個框架，從裡到外互相接納，**在靈魂層次上合而為一**。你此生的目的，就是要充分發揮**融合與重生的能量**，透過與他人的靈魂合作，毫不留情地摧毀早已無益的事物，並使其重生為一股崇高的力量，綻放最大的光芒。

和宇宙立下的契約

【第一條】摧毀蔓延於地球的老舊無益能量，並打造更為美好的能量。

【第二條】讓投胎至地球的靈魂眾生明白：「只要提起勇氣破壞無用的規則，便能修補、重啟靈魂藍圖」。

宇宙贈予你的禮物

不屈不撓的精神、敏銳的感知力、耐力、堅持、深邃的情感。

宇宙賦予你的力量

洞察力、推測能力、支援能力、破壞力、創造力。

今生理想模樣

蛻變前

膽小鬼捷諾 ♏

隨著你逐漸達成今生目標，你將能於今生開闢嶄新自我，並從膽小鬼捷諾進化為智者烏魯斯。

仍然害怕「相信別人」

靈魂尚未完全揚升、仍處在**膽小鬼捷諾**階段的你，總是因害怕相信別人而苦惱。你就像是住在一座位於小山丘上、只有一條鳥居林立小徑得以前往的小神社裡一般，和你相遇的人，必須循著鳥居接近你，而你將會仔細盤查對方的「人性」，根據對方的誠意與信任度判斷其是否值得信賴，並設立結界，限制他能通過的鳥居數，嚴謹把關彼此的距離。你也會選擇最佳時機賣人情，以確保對方不會在關鍵時刻背叛你。

此外，知覺敏銳、彷彿背著上百條天線行走的你，致力於收集所有有形、無形的資訊，以保護自己。

然而，這樣的你，往往會因為忙於為事實上幾乎不可能發生的危機設想對策，而時時焦慮不安，沒有時間放鬆心情。加上你既難以忘懷曾經令你傷痕累累的對象，又拋不開所有瑣事，導致你的內心容易因深層的怒氣而炙熱奔騰好幾十年。儘管這股炙熱得以化為你生活的原動力，有時卻也會將你自己燃燒殆盡。不過，你幾乎不會向他人展示這份痛苦，反而將其深鎖內心。

事實上，只要你能面對這股「對信任的不安」，並發現自己正是因為「弱小」，才得以變得無與倫比地強大，你將能明白當初背叛你的人也有其脆弱之處，同時也會察覺自己早已不再會被懦弱對手的一言一行所傷。

此時，你將能化身真正的「助手」與「守護者」，不再透過控制、賣人情、測試與適時破壞來考核他人。

這時候的你，終於能相信他人，並與他人締結真正的繫絆，進化為得以和靈魂伴侶們靈魂交融，藉此打造強大「奇蹟」的**達觀大師**。

阻礙揚升的「不安想法」

「他人可能會覺得我性格陰沉。」

「必須成為有用的人才能被愛。」

「我害怕遭人利用與背叛。」

「沒有任何事物值得信賴。」

「發洩怒火將會引發災難。」

靈魂捎來的訊息

有件事，只有容易被認為**「陰沉」、「執拗」且「過於敏感」**的你才辦得到。

那就是——**無論身處何種險境，都能以不服輸的認真精神，鍥而不捨、仔細謹慎地找出事物的本質**，這是只有你才能締造的奇蹟。只憑表面輕率決定、做事馬馬虎虎，且容易輕言放棄的人，絕對無法做到。

唯有「活出自我」的你，才能以如此強大的力量直面任何事情，並藉由透析事物的本質，擬定各種對策。

而**當這股美好的力量不只用來滿足私欲，還能幫助你深深在乎的人時，將得以發揮最強功效**。然而，隨時隨地使用這股力量將會極度消耗能量，因此，請務必慎選使用的時機與對象。

今生理想模樣

蛻變後

達觀大師 ♏

透過平時的言行
檢測自己的達觀率，
確認蛻變程度吧！
隨著你不斷地蛻變，
將會愈來愈滿意
自己的人生！

蛻變程度檢測表

★經常這樣想，時常這樣做……A（10分）

★偶爾這樣想，有時這樣做……B（5分）

★不太會這樣想，幾乎不這樣做…C（1分）

合計分數＝達觀率（蛻變程度）

隨著蛻變程度提升，你將能享受靈魂在靈界預先設定的「稀有物品」、「獎勵」、「派對」或「活動」等。

0～49％……內心仍懷有不安與恐懼，無法活出「真實的自我」，也缺乏活力與生活動力。很可能尚未做好享受今生的準備。

50～89％……已能逐漸馴服不安與恐懼，並藉此「活出自我」。愈來愈能享受今生，也開始明白以「原貌」生活的價值。

90～100％……能運用不安與恐懼來辨別「不適合自己的事物」，並善用所有經驗助己揚升，同時享受、品味著自由且踏實的今生。

檢測表在下一頁！

達觀大師 ♏
今生理想模樣　蛻變程度檢測表

【幾乎一眼就能看穿本質】
能感受到一般人難以察覺與感受的事物。

【明白放下才能締造驚人的恢復力】
明白懷著愛放手不適合自己的事物與關係，將能幫助自己迅速重振精神。

【總是能清楚察覺自己的狀態和釋放的能量】
明白自己接觸到的人與接收到的事物，會影響自身的內在狀態與所釋放的能量。

【明白所有支離破碎的事物皆有重生的可能】
明白萬物唯有在拋下一切之後，才能迎來重生的最佳時機。

【能以最小的努力達成最大功效】
能打造1+1＞10的奇蹟，並明白為重要的人真心付出，將獲得超乎想像的恩惠。

【明白每個陰暗面皆扮演著重要的角色】
明白負面情緒與壞事蘊藏著推進下一道變化的巨大能量。

【總是保持低調，不出風頭】
明白讓人放下戒心，才能不費力地獲得更多資訊。

【認為反覆推測正是成功的祕訣】
能藉由多方考量、精挑細選夥伴與時機，締結豐碩成果。

【明白性行為會融合肉體、精神與靈魂層次的能量】
明白建立在高度信任之上的性行為，是融合並活化身心靈各層次能量的崇高行為。

【只要有位特別的人支持自己，就算全世界與自己為敵也無所謂】
認為身旁只要有個能與自己身、心、靈合而為一的人便足矣。

合計分數（達觀率）　　　％

今生理想模樣 完整進化

智者烏魯斯 ♏

靈魂在歷經好幾世不斷追求此理想模樣後，將會徹底揚升，完全拋開「不安」與「恐懼」，成為得以指導眾人的智者烏魯斯。

喚醒人類透過靈魂交融而生的重生力

靈魂往往會隨著肉體累積愈來愈多的經驗，而慢慢偏離來世前規劃的藍圖，並於不知不覺間褪去原先的模樣。

此時，靈魂眾生必須融合彼此的身、心、靈，透過這場劇烈的能量交換，根除無益的事物，讓自己原先的姿態如鳳凰般浴火重生。若渴望發現並破壞那些停滯且腐壞的事物，藉此汰舊換新，就必須具備一副高規格天線，敏銳捕捉「乍看之下無法發現的真實光輝」、「無法以觸覺感知的深邃黑暗」，以及「交雜美好音色的不和諧音程」。

成為**智者烏魯斯**的你，肯定能善盡職責，喚醒每個人內心的「破壞力」與「重生力」，引領每個人活出不斷精進成長的人生。

太陽 射手座

靈魂決定在今生成為這樣的人！

盡情冒險！自由自在的地球旅人

※請參閱第35頁的「靈魂之路地圖」

你的靈魂決定要於此生宛如悠閒的**旅人**般，踏出習以為常的世界，跟隨好奇心展開無數意想不到的冒險，藉此**活出自由自在的人生**。你此生的目的，就是要充分發揮**智慧與希望的能量**，輕鬆地信任自己與世界，並在每次出發冒險時，都只帶上必需品，深信無論遇上什麼事，只要跟隨自己的內在力量與自然上蒼的無形指引，就永遠不會迷失方向。

和宇宙立下的契約

【第一條】在地球運用肉身連結高維度的能量，盡情享受靈魂層次的「自由」、「喜悅」與「學習」。

【第二條】讓投胎至地球的靈魂眾生明白：「眾人皆受偉大存在指引」、「每個人都能運用直覺這副內在指南針」。

宇宙贈予你的禮物

直覺、自由、健康、善良、樂觀。

宇宙賦予你的力量

瞬間的爆發力、專注力、發想能力、洞察力、前進的動力。

今生理想模樣 蛻變前

膽小鬼捷諾 ♐

隨著你逐漸達成今生目標，你將能於今生開闢嶄新自我，並從膽小鬼捷諾進化為智者烏魯斯。

仍然害怕「失去自由」

「失去自由的恐懼」往往會驅使靈魂尚未完全揚升、仍處在**膽小鬼捷諾**階段的你，奔向更遙遠、更遼闊的地方。此時的你，與其說是為了擺脫不自由，更像是渴望逃離狹小的空間、人際關係的束縛與無趣的日常。

事實上，你會積極鑽研知識，也是為了藉此稍微消去「因無知而生的限制」。如果沒有感覺到全身灌滿自由的風，你便容易覺得自己將就此腐爛。

此外，你也拚命讓自己擺脫「常識」這張人們打造的無形之網。認為這世界總是千方百計囚禁人類的你，十分渴望找出能讓自己盡早重獲自由的真相，逃離眾人用假笑互相束縛的「柔軟監牢」。

也正因為如此，你總習慣道出真話，認為場面話與委婉的言詞皆為謊言。由於你認為擺脫一切虛假、活出真實的自我才是真正的「自由」，所以無論是多麼令人撕心裂肺的事實，你都會毫不留情地脫口而出。你可能會認為對方跟自己一樣渴望聽到實話，但事實上，多數人往往因為缺乏興趣聆聽嚴肅的忠告，而把你的話當耳邊風。

另外，你無時無刻都在找尋能令你感到「自由」的場所、行動、關係與理念。尋得之時，你往往會不眠不休地投身其中，然而，一旦你發現自己「依舊無法獲得完完全全的自由」，你便會失望地揚長而去。

最終，你將會發現，真正的自由並非「逃離何處」，而是能「為了揚升靈魂，樂於嘗試所有事情」，並「放開對結果的控制」，同時確信「所有事物都能幫助靈魂成長」，這才是真正的「生命真理」。當你能熱情地告訴他人：「我們每個人早已擁有自由」時，你將能進化為**達觀大師**，帶領將自己囚禁於囹圄的人們一一迎向光明的未來。

阻礙揚升的「不安想法」

「我討厭束縛。」

「我不想被貼標籤。」

「我不想錯失良機。」

「我不願背負他人的期待。」

「我不想被謊言耍得團團轉。」

靈魂捎來的訊息

有件事，只有容易被認為**「自私自利」、「神經大條」且「先入為主」**的你才辦得到。

那就是——**以前所未有的方法及無人能及的速度，展開驚人的躍進**，這是只有你才能締造的奇蹟。一面看人臉色、一面尋找天時地利人和的最佳時機，甚至考慮多方意見，往往只會延緩進步的速度。

唯有「活出自我」的你，才能運用直覺，如同箭矢般毅然決然、自由自在地在信任的道路上奔馳。

而且，**對每個人與生俱來的「內在指南針」全盤信任的力量，以及當它失靈時能夠一笑置之的「堅強」**，正是你能夠拯救旁人的關鍵。

今生理想模樣

蛻變後

達觀大師 ♐

透過平時的言行檢測自己的達觀率，確認蛻變程度吧！隨著你不斷地蛻變，將會愈來愈滿意自己的人生！

蛻變程度檢測表

★經常這樣想，時常這樣做……A（10分）

★偶爾這樣想，有時這樣做……B（5分）

★不太會這樣想，幾乎不這樣做…C（1分）

合計分數＝達觀率（蛻變程度）

隨著蛻變程度提升，你將能享受靈魂在靈界預先設定的「稀有物品」、「獎勵」、「派對」或「活動」等。

0～49%……內心仍懷有不安與恐懼，無法活出「真實的自我」，也缺乏活力與生活動力。很可能尚未做好享受今生的準備。

50～89%……已能逐漸馴服不安與恐懼，並藉此「活出自我」。愈來愈能享受今生，也開始明白以「原貌」生活的價值。

90～100%……能運用不安與恐懼來辨別「不適合自己的事物」，並善用所有經驗助己揚升，同時享受、品味著自由且踏實的今生。

檢測表在下一頁！

達觀大師 ♐
今生理想模樣　蛻變程度檢測表

【比起自由行事，更渴望維持自由狀態】
無論做什麼事，或跟誰待在一起，都希望自己能不受拘束。因此，你也從不成群結黨。

【無論身處何種環境，都能輕鬆自在地行動】
喜歡說走就走、毫無計畫的旅行，也總是能隨心所欲、自在生活。

【不在意毫無興趣的事情，也習慣立即拋開厭煩的事物】
認為只有自己最明白自己珍視的事物，因此希望能永遠坦率做自己。

【即使身處絕境，也能看見希望】
陷入危機時，仍能安慰自己已經相當幸運，並相信未來肯定會柳暗花明。

【在必要時刻肯定有「靈感」降臨】
時常能接收到來自高維度的訊息或上天的援助。

【重視誠實溝通】
認為說謊毫無益處，並明白正是因為心中有愛，才渴望坦率地表達、真誠地接納。

【總是開朗、大方、自然】
明白所有人都是自然的一部分，因此，保持真實的模樣才是最美的。所以，不僅希望自己能坦率展現自我，也期望他人能夠如此。

【視自然為至高無上的導師】
對自己的體能與潛藏的野性本能抱有堅定自信，也相信遭遇挫折時，向自然學習準沒錯。

【認為此時此刻最重要】
明白此時此刻打造了一切，懊悔過去、擔心未來都只是徒勞！

【視世界為一座巨大的冒險國度】
隨時隨地都能懷著冒險精神與興奮神情，就連睡覺時也是。

合計分數（達觀率）　　%

今生理想模樣
完整進化

智者烏魯斯 ♐

靈魂在歷經好幾世不斷追求此理想模樣後，將會徹底揚升，完全拋開「不安」與「恐懼」，成為得以指導眾人的智者烏魯斯。

解放人類的靈魂，使其獲得完整的自由與智慧

轉生至地球的靈魂眾生，只要能在物質世界累積經驗，並學習進一步運用更為精密的高維度能量，便得以解放根深蒂固的思想與習慣，以全新的視野、感受、情緒和行動，享受嶄新的體驗。

一旦展開全新層次的冒險，能量將會變得更加自由、柔順且輕盈，其流動也將變得飛快。你也將能在此階段，完整獲得靈魂本身早已擁有的「自由」、「喜悅」和「經驗」，並明白：「智慧傳遞的直覺得以召喚自由」、「喜悅才能引領我們獲得真理」、「在絕望中孕育的經驗終能化為希望」。

成為**智者烏魯斯**的你，肯定能善盡職責，邀請眾人參與名為「自由」、「喜悅」與「體驗」的冒險，引領眾人敞開心扉，通往靈魂所知的智慧之源。

太陽　摩羯座

靈魂決定在今生成為這樣的人！

以幫助社會為榮！展現嚴厲之愛的地球管理員

※請參閱第35頁的「靈魂之路地圖」

你的靈魂決定要於此生宛如值得信賴的**管理員**般，因樂於運用自己的能力和經驗幫助社會，並為眾人帶來安心、安定的生活，而**背起照顧世界的責任**。你此生的目的，就是要充分發揮**權威與成功的能量**，既要放眼數十年後的未來，以避免急於求成的心態，不時嚴厲地引導自己與他人，還要維護充滿笑容的社會。

和宇宙立下的契約

【第一條】帶著「自己的一舉一動不僅影響自己的人生，還會波及整個社會與地球」的自覺，滿懷愛與責任「管理」一切。

【第二條】讓投胎至地球的靈魂眾生明白：「地球屬於所有人」，因而能「背起管理一切物種、生活、環境和資源的責任」。

宇宙贈予你的禮物

責任感、明理、威嚴、先見之明、謙虛。

宇宙賦予你的力量

管理能力、實踐力、耐力、達成目標的能力、自律能力。

今生理想模樣

蛻變前

膽小鬼捷諾 ♑

隨著你逐漸達成今生目標，你將能於今生開闢嶄新自我，並從膽小鬼捷諾進化為智者烏魯斯。

仍然害怕「無法貢獻社會」

靈魂尚未完全揚升、仍處在**膽小鬼捷諾**階段的你，仍舊容易因「無益社會將會遭到拋棄的不安」而滿懷壓力，進而淪為認真、嚴肅的工作狂。儘管自己缺乏認真的動力，也會因為想到他人的看法，而在不知不覺間付出過多的努力，以免遭人側目。

你總是習慣在生活中做出最壞的打算。打個比方，當你看著大家走在老舊的橋上時，你往往會因為腦海蹦出無數個可能突如其來的災難，而決定在橋下不停默默修補橋梁。

然而，在修補的過程中，你慢慢開始對那些越過你頭頂、卻毫無感激之情、肆無忌憚的人們感到憤怒，進而開始妄想：「哪天我不在了，大家就會知道是誰一直在維護這座橋了！」甚至夢見自己在「不知名的頒獎典禮」中獲頒感謝狀，卻依然沒沒無聞，只好繼續從事好幾十年的苦工。

當你回家後，還會因為勞而無功而心情暴躁，於是開始抱怨心愛的家人做出的一舉一動，甚至對他們發脾氣。

不過，只要你能放下「自己無益於社會且徒勞無益的妄想」，你將能告別這樣的時日。其實，你只要大聲地告訴大家「橋很老舊，很危險」，並主動提出橋梁改建計畫，藉此尋求眾人的協助，大家自然能發覺自身的危險處境，而願意為街道的安全付出行動。

而且，你根據每個人的專長所做的分工，將能讓大家輕鬆發揮所長。

不僅如此，你不受他人情緒影響的穩健步伐，還能引領全員以緩慢的步伐踏實前進。最終，不只這座橋，整座街道都能恢復美麗、安全的樣貌。這時的你，將能進化為引領眾人邁向穩定與安全的**達觀大師**，收穫感恩與尊敬。

阻礙揚升的「不安想法」

「不能造成他人的麻煩。」
「全部都是我的錯。」
「我害怕自己達不到目標。」
「我害怕最壞的情況發生。」
「我害怕惡意的謠言。」

靈魂捎來的訊息

有件事，只有容易被認為**「思想負面」、「不近人情」且「過於嚴肅」**的你才辦得到。

那就是——**謹慎、不屈不撓、安全踏實地實現夢想**，這是只有你才能締造的奇蹟。相反地，在感覺與衝勁的驅使下頻繁改變目標，或容易因情緒起伏而手忙腳亂的人，往往因為無法貫徹始終，而永遠無法達成目標。

唯有「活出自我」的你，才能在困境中憑藉沉著與堅毅，降低所處風險，並一步一步朝目標穩定邁進。

不僅能夠號召、守護眾人，還十分擅長打造穩固基礎的你，務必善加結合眾人的優點，並透過恩威並濟，引領眾人一同達成目標。

今生理想模樣

蛻變後

達觀大師 ♑

透過平時的言行
檢測自己的達觀率，
確認蛻變程度吧！
隨著你不斷地蛻變，
將會愈來愈滿意
自己的人生！

蛻變程度檢測表

★經常這樣想，時常這樣做……A（10分）
★偶爾這樣想，有時這樣做……B（5分）
★不太會這樣想，幾乎不這樣做…C（1分）

合計分數＝達觀率（蛻變程度）

隨著蛻變程度提升，你將能享受靈魂在靈界預先設定的「稀有物品」、「獎勵」、「派對」或「活動」等。

0～49%……內心仍懷有不安與恐懼，無法活出「真實的自我」，也缺乏活力與生活動力。很可能尚未做好享受今生的準備。

50～89%……已能逐漸馴服不安與恐懼，並藉此「活出自我」，愈來愈能享受今生，也開始明白以「原貌」生活的價值。

90～100%……能運用不安與恐懼來辨別「不適合自己的事物」，並善用所有經驗助己揚升，同時享受、品味著自由且踏實的今生。

檢測表在下一頁！

⊙ ♑

達觀大師 ♑
今生理想模樣　蛻變程度檢測表

【對自己的自律能力滿懷自信】
認為自律的人才能守護眾人的生活。

【明白人的成長歷程需要「嚴厲」與「歡笑」】
深信「嚴厲」和「歡笑」皆為愛的極致表現。

【最大的自信來源是貢獻世人】
認為真誠、踏實且努力地幫助世界，是件值得驕傲的事。

【深信宇宙不會降下無法承擔的危難】
相信每個人背負的責任大小，恰好等同於他所能承擔的重量，而宇宙也將給予相對應的禮物。

【認為建立強健穩固的基礎是首要之務】
明白一飛沖天往往容易一落千丈，因此願意花費時間與勞力打穩基礎。

【願意為遙遠未來的光榮努力，而非及時行樂】
總是大膽追求巨大的成功，並能享受默默耕耘的時刻。

【能避免任何無謂的付出】
總是能有效運用金錢、時間與人力等一切資源。

【能永遠保持平常心，並常懷無私的精神】
能不受情緒與欲望擺佈，安心、安穩地過好自己的生活。

【不將自己的幸與不幸歸咎於他人】
渴望變強的你，總是自行承擔所有責任，不將任何發生的事歸咎於他人。

【認為結果代表一切】
認為達成目標、夢想成真，正是一切努力獲得回報的「直接證據」。

合計分數
（達觀率）　　%

今生理想模樣

完整進化

智者烏魯斯 ♑

靈魂在歷經好幾世不斷追求此理想模樣後，將會徹底揚升，完全拋開「不安」與「恐懼」，成為得以指導眾人的智者烏魯斯。

引領人類背起光榮與責任，管理宇宙這份共有財

投胎至地球的靈魂眾生，唯有在意識到自己是地球與宇宙的一員，並願意承擔相對應的責任時，才能啟動一股嶄新力量，幫助自己朝著以過往姿態絕對無法實現的宏大目標前進。

此外，任何靈魂的微小舉動都會影響宇宙。正因為我們每個人都懷有這份光榮與責任，才得以共享這座宇宙。換言之，「對方、世界和宇宙的模樣」，皆與「你的模樣」息息相關。

因此，善加管理自己的人生，朝著理想的樣貌邁進，也同樣能為眾人、社會與宇宙注入力量。

成為**智者烏魯斯**的你，肯定能善盡職責，達成帶領眾人背起光榮與責任、管理宇宙這項遠大的目標。

太陽　水瓶座

靈魂決定在今生成為這樣的人！

古靈精怪又和藹可親的個性！體會差異趣味的地球研究員

※請參閱第35頁的「靈魂之路地圖」

你的靈魂決定要於此生帶著肉體，展現**自己的真實模樣**，藉此運用超乎常理的獨特之道改善世界，並與眾生平等互動，過上**思想自由的一生**。你此生的目的，就是要充分發揮**獨到與革新的能量**，與擁有各式各樣經驗與價值觀的夥伴，不分優劣、不分貴賤地合作，藉此以靈魂視角探究「嶄新未來」。

和宇宙立下的契約

【第一條】時時向眾人傳遞新維度的訊息，帶領眾人揚升為更加耀眼的模樣，並和眾人活用彼此的特質，合作改善世界和宇宙。

【第二條】讓投胎來地球的靈魂眾生明白「超越常理可開創新未來」、「萬物皆以意想不到的職責互相影響」。

宇宙贈予你的禮物

宇宙級的友愛精神、自由創新的發想、客觀、公平、獨特。

宇宙賦予你的能力

創新能力、組織能力、跳脫框架的能力、發想能力、影響力。

今生理想模樣

蛻變前　膽小鬼捷諾 ♒

隨著你逐漸達成今生目標，你將能於今生開闢嶄新自我，並從膽小鬼捷諾進化為智者烏魯斯。

仍然害怕「古板無趣」

靈魂尚未完全揚升、仍處在**膽小鬼捷諾**階段的你，十分害怕遭到舊有思想的束縛。因此，當他人斬釘截鐵地認為某件事情理所當然，或者堅信某件事情天經地義時，你將會強烈反抗。

此外，只要你發現自己愈來愈呆板無趣，便會不自覺地感到焦慮，覺得那個擅長發想新奇點子的自己正被迫退場，而總是能帶來創意的自己正一點一滴地死去。

儘管你經常像這樣發現並點出藏在人們思想盲區中的「全新想法」，而因此被他人視為「怪人」或「奇葩」，但對你而言，這反而是一種「稱讚」。其實，許多天才也有著相似的處境；不同之處在於，天才的新點子往往能對社會大眾有所助益。

另外，你或許會覺得人類的「情緒」既惱人又複雜，尤其當你遇到情感過於豐沛的人，往往會不自覺地認為對方是個原始怪物，而非一名進化完全的人類。對你來說，活躍的情緒宛如一種無法透過資訊與分析預測，只會混淆清晰思緒的舊時代遺物。

現在，請擺脫「新舊」的判別基準，試著轉換思維，以「全新的視野看待眼前的事物」。同時，也請抱持「之所以有人重視老舊與停滯，是因為人格具有多樣性」的想法。你所需要的，不是去革新他人的觀念，而是「與他人維持互相尊重的距離」。

此外，情緒也並非令人心煩意亂的負擔，它只是「擁有固定頻率的能量」，只要找到合適的方法，也能妥善處理。當你能懷抱造福他人的心情，以全新的視角看待每一件事物時，你將進化為**達觀大師**，與眾多夥伴一同揚升至新的維度。屆時，你們將能在相同的地點與情境中，體驗到截然不同的世界。

阻礙揚升的「不安想法」

「一個人的力量微不足道。」

「失去冷靜將招致毀滅。」

「我缺乏嶄新的知識和資訊。」

「一旦淪為無聊的普通人，將會喪失價值。」

「我不知道如何面對他人的壓迫。」

靈魂捎來的訊息

有件事，只有容易被認為**「冷淡」、「古靈精怪」且「敷衍了事」**的你才辦得到。

那就是——**隨時都能冷靜地拋開所有成見，自由自在地發想**，這是只有你才能締造的奇蹟。總是被熱情沖昏頭、堅信常理才是王道，並習慣畫地自限的人，絕對無法蹦出嶄新的思維。

唯有「活出自我」的你，才能以靈魂般自由的視角看待一切，同時突破理所當然的框架，以無拘無束的心投入生活。

請試著將這道才能與更多人的才華結合，藉此幫助更多人。反覆之下，肯定能為許多人帶來滿足和喜悅。

今生理想模樣
蛻變後
達觀大師 ♒

透過平時的言行
檢測自己的達觀率，
確認蛻變程度吧！
隨著你不斷地蛻變，
將會愈來愈滿意
自己的人生！

蛻變程度檢測表

★經常這樣想，時常這樣做……A（10分）
★偶爾這樣想，有時這樣做……B（5分）
★不太會這樣想，幾乎不這樣做…C（1分）

合計分數＝達觀率（蛻變程度）

隨著蛻變程度提升，你將能享受靈魂在靈界預先設定的「稀有物品」、「獎勵」、「派對」或「活動」等。

0～49%……內心仍懷有不安與恐懼，無法活出「真實的自我」，也缺乏活力與生活動力。很可能尚未做好享受今生的準備。

50～89%……已能逐漸馴服不安與恐懼，並藉此「活出自我」。愈來愈能享受今生，也開始明白以「原貌」生活的價值。

90～100%……能運用不安與恐懼來辨別「不適合自己的事物」，並善用所有經驗助己揚升，同時享受、品味著自由且踏實的今生。

檢測表在下一頁！

達觀大師♒
今生理想模樣　蛻變程度檢測表

【明白差異的寶貴之處】
認為生命的價值在於「每個人皆有自己的獨特之處」，因此自己絕對不會落入「平凡」。

【明白情緒是人類發出的特定頻率能量】
能把情緒視為一台機器，冷靜觀察不同情緒的頻率差異。

【能將生活發生的一切視為觀察與實驗】
深信觀察與分析能讓自己發現那些因成見而未能察覺的重點。

【認為自己並沒有失敗，只是找到了行不通的方法而已】
視人生為一座自由的實驗室，唯有透過不斷嘗試與理解，才能獲得巨大的成功。

【視宇宙萬物為友】
認為所有關係都是朋友關係的延伸，因此能視動物、植物、萬物、宇宙和外星人為友。

【能無拘無束地思考】
認為重要的並非自己是否處在自由狀態，而是自己能否時時自由發想，無中生有。

【能以鳥類或宇宙的視角俯瞰整體】
能以更高的視角、更龐大的規模綜觀整體，而非只從個人視角出發。

【喜歡接觸專業團體】
儘管不喜歡與他人黏在一起，但能為了達成遠大目標而熱衷參加聚會。

【認為知識、經驗比金錢、物質更為重要】
明白有形之物終將消失，唯有知識和經驗才能刻畫在靈魂上。

【視團體為五顏六色、形狀各異的人所拼成的畫作】
相信只要眾人發揮各自所長，將能繪製出一幅嶄新的「畫作」。

合計分數
（達觀率）　　　%

今生理想模樣 完整進化

智者烏魯斯 ♒

靈魂在歷經好幾世不斷追求此理想模樣後，將會徹底揚升，完全拋開「不安」與「恐懼」，成為得以指導眾人的智者烏魯斯。

引領才華橫溢的人們彼此合作，提升人類所處的維度

當投胎至地球的靈魂眾生開始帶著各自的光輝迎向自由時，將會引發前所未有且驚人的揚升連鎖反應。靈魂眾生將能輕盈地拋開在人世間不知不覺養成的眾多成見與執念，新維度裡的全新感受也將以驚人的速度蔓延開來。

眾人在共同創造之際，也能為了讓每個人都能在群體中和諧地發揮特長，而放下各自的先見，以更寬廣的視野迎向共同目標。

只要個體與全體彼此尊重，既不讓自身行為影響全體，也不讓全體行動干預自己，便能大規模啟動宇宙意識的創造之力。

成為**智者烏魯斯**的你，肯定能善盡職責，帶領眾人一同投入這場集體創造的巨大實驗。

太陽　雙魚座

靈魂決定在今生成為這樣的人！

來者不拒 去者不追！在地球懷裡擁抱夢想的胎兒

※請參閱第35頁的「靈魂之路地圖」

你的靈魂決定要於此生宛如子宮內的**胎兒**一般，毫不猶豫地吸取他人賦予的養分，並如在夢中漂泊般，**順其自然地接受生命中的一切**。你此生的目的，即是充分發揮**天真與無私之愛的能量**，無論身處多麼惡劣的環境裡，都能在神祕力量的守護之下愛著一切，並不斷成長。

和宇宙立下的契約

【第一條】接納地球上所有的存在與現象，並親身體驗澆灌於萬物身上的「神聖安排與慈愛」。

【第二條】讓投胎至地球的靈魂眾生明白「宇宙的秩序無所不能」、「萬物皆為一體，一切都是偉大慈愛的一部分」。

宇宙贈予你的禮物

慈愛、堅毅、和諧感、寬大的心胸、神祕力量的支持。

宇宙賦予你的能力

療癒力、包容力、打造夢想的能力、恢復能力、靈性能力。

今生理想模樣 蛻變前

膽小鬼捷諾 ♓

隨著你逐漸達成今生目標，你將能於今生開闢嶄新自我，並從膽小鬼捷諾進化為智者烏魯斯。

仍然害怕「活著」

對靈魂尚未完全揚升、仍處在**膽小鬼捷諾**階段的你而言，「活著本身就是件不安的事」。你經常覺得活著就像是在飄散著眾人形形色色情緒的失重空間裡不斷掙扎，不僅無法攫住任何事物，一切也都模糊不清。而且，你也常常因為自己與他人的情緒如同充斥著各種味道與氣味的空氣般混雜在一起、難以辨別，而產生暈船般的感受。

此外，一旦有人受傷，你往往會比對方還要痛苦，因此，你總是不遺餘力地療癒他人，好讓自己早日卸下這份重擔。只是，遺憾的是，許多人在把情緒丟給你之後，往往能無事一身輕地瀟灑離去。被留下來的你，只好獨自努力擺脫那股不知如何是好的情緒。

儘管你認定自己就是一名「一事無成的弱者」，並任由他人因此傷害自己，但其實你沒發現，自己正是十二星座中最頑強的存在。即使會因軟弱而應聲倒地，你仍能在不知不覺間，宛若沒事一般東山再起，這可是其他星座無法模仿的能力。只是，仍處在此階段的你，依然滿腹怨言，並總是引頸期盼他人的援助，這樣的你，容易在絕望中度過寶貴的人生。

然而，只要你能拋開「受害者思維」，讓偉大的指引張開雙手保護你，你將不再自行挑起焦慮、陷入恐慌，也不再依賴他人的援助，或對無謂的人鞠躬盡瘁。

當你明白，在這個充滿各式各樣情緒的無重力空間裡，其實隨處都有扶手，能在你需要時給予適切的協助，你將能卸下心防，懷著純粹的真情與人相擁，同時療癒他人，並打從心底相信：生命中的一切，都是為了「幫助靈魂成長」。如此一來，你將能進化為**達觀大師**，成為孕育愛與夢想的存在。

阻礙揚升的「不安想法」

「我低人一等。」

「我過於軟弱。」

「我愚昧至極。」

「我需要他人的協助。」

「我一個人活不下去。」

靈魂捎來的訊息

有件事，只有容易被認為**「懦弱」、「迷糊」且「草率」**的你才辦得到。

那就是——**在挖掘他人優點、發揮豐富想像力的同時，接納一切事物的原貌**，這是只有你才能締造的奇蹟。經常自吹自擂、在意枝微末節，並且斤斤計較的人，往往只會打消眾人的士氣與光彩。

唯有「活出自我」的你，才能喚醒對方尚未被發掘的潛能，並在懷抱美好憧憬的同時，信任它終將在對眾人而言最完美的時機到來。

你現處的狀態永遠是最能引領靈魂成長的狀態，因此，只要每個人都能**順其自然**，一切將能回歸「正軌」。

今生理想模樣

蛻變後　達觀大師 ♓

透過平時的言行檢測自己的達觀率，確認蛻變程度吧！隨著你不斷地蛻變，將會愈來愈滿意自己的人生！

蛻變程度檢測表

★經常這樣想，時常這樣做……A（10分）

★偶爾這樣想，有時這樣做……B（5分）

★不太會這樣想，幾乎不這樣做…C（1分）

合計分數＝達觀率（蛻變程度）

隨著蛻變程度提升，你將能享受靈魂在靈界預先設定的「稀有物品」、「獎勵」、「派對」或「活動」等。

0～49%……內心仍懷有不安與恐懼，無法活出「真實的自我」，也缺乏活力與生活動力。很可能尚未做好享受今生的準備。

50～89%……已能逐漸馴服不安與恐懼，並藉此「活出自我」，愈來愈能享受今生，也開始明白以「原貌」生活的價值。

90～100%……能運用不安與恐懼來辨別「不適合自己的事物」，並善用所有經驗助己揚升，同時享受、品味著自由且踏實的今生。

檢測表在下一頁！

達觀大師♓
今生理想模樣　蛻變程度檢測表

【明白只要順其自然，一切將能奇蹟似地柳暗花明】
凡事聽天由命，並明白遭逢不順，代表時機或判斷尚未成熟。 □

【視懦弱和脆弱為最強武器】
感激陷入困境的自己能散發出「渴望尋求幫助」的信號。 □

【能運用自身敏感的靈性體質投入身心靈工作】
能藉由安心、和平的祈禱，協助他人化解心靈上的困擾。 □

【明白擔心是種詛咒】
能打從心底信任宇宙與靈魂的安排，相信宇宙只會安排「必要」的事。 □

【相信對他人的付出肯定會以其他形式回饋自身】
明白真心的付出不僅能幫助靈魂成長，最終也會以意想不到的形式，悄悄輾轉回到自己身上。 □

【明白依靠對方、接受對方的照顧，等同於支持對方】
能懷著感恩的心，發掘並運用他人的潛能。 □

【明白陪伴勝過提案、沉默勝過判斷、溫柔眼神勝過對話】
明白面對心靈脆弱的人，比起發表艱澀複雜的道理，陪伴與溫情更能帶來安慰。 □

【即便無能為力，也能運用想像力轉換現場氣氛】
只要在心裡默想每件事皆有意義，就能奇蹟般地緩和現場氛圍。 □

【連自己都認為自己十分頑強】
認為自己總能在不知不覺中重振旗鼓的能力，某種程度上來說非常強大。 □

【明白愛是萬物和諧狀態】
明白萬物皆為一體，而彼此能以原貌和諧共存的狀態即為「愛」。 □

合計分數
（達觀率） ____ %

今生理想模樣 完整進化

智者烏魯斯 ♓

靈魂在歷經好幾世不斷追求此理想模樣後，將會徹底揚升，完全拋開「不安」與「恐懼」，成為得以指導眾人的智者烏魯斯。

引領人類以肉身之姿沉浸「宇宙之愛」

在投胎至地球的靈魂眾生不斷揚升之後，將得以以肉身之姿，與萬物於高維度合而為一。

彼此的情緒和感受將相互交融，連結自然和宇宙，而所有人將得以運用其中所有的資訊，加以擴展、揚升。因為，我們和宇宙始終都是一體。

宇宙是所有「生命」的聚合體，而「愛」的力量讓一切得以持續運轉、綻放。你將能明白：「愛是萬物以原貌和諧共存的狀態」、「失去和諧等同於失去愛」、「正面能量與負面能量彼此激發共存」、「一切際遇都是在幫助自己揚升」、「萬物就如同空氣一般永遠相連」。

成為**智者烏魯斯**的你，肯定能善盡職責，帶領眾人徜徉於宇宙這份無條件的愛。

透過上升點（ASC軸線）明白

幫助靈魂揚升的武器

運用宇宙賦予你的「特殊天賦」加速靈魂揚升

上升點（ASC軸線）指向的第一宮星座，在你出生之際攀升至東邊的天空，並於當下為你注入強大的力量。這股力量，即是能幫助你「打造、改變今生現實的強力武器」。這道武器將能發動宇宙賦予你的「特殊能力」，讓你能夠有效打造「靈魂嚮往的體驗」。只要善加運用它，你將能順利達成理想，讓靈魂渴望的體驗逐一降臨你的生活。最終，你將能以飛躍性的速度成為「理想模樣」。

不過，一旦這道武器的等級過低，運轉失靈，將會帶來反效果，讓自己陷入麻煩。因此，請不斷升級武器，提高體驗品質，讓靈魂得以在今生盡情享受理想人生。

※大約每兩小時就會變換宮位，所以需要正確的出生時間。

查看這條紅線所指向的
星座。

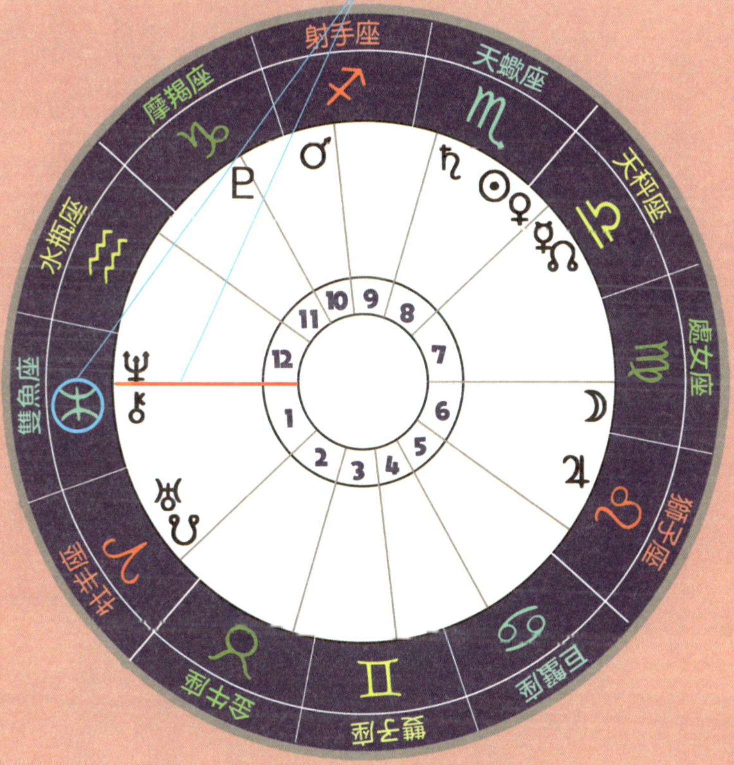

ASC 牡羊座 ♈

你今生的武器是

引領你突飛猛進的挑戰者精神

一旦武器等級過低，無法妥善使用時，旁人往往會這樣看你……

擁有根深蒂固的成見、急躁、怒氣來來去去、不擅讀空氣、過度熱情讓人感到壓力、只愛自己、三分鐘熱度、好勝心強。

武器升級後，你將擁有以下特質，並能輕鬆打造理想現實：

活力充沛、正直、乾脆、果斷、行動俐落、能帶給旁人動力、勇於挑戰。

迅速升級武器的方法

- 敏銳捕捉身體發出的訊號，並運用直覺當機立斷，隨即付諸行動。
- 持續克服內心的軟弱，而非向他人引戰。
- 如野生動物般自在過活。
- 持續開拓未知的道路。
- 以淺顯易懂的方式直接表達喜怒哀樂。
- 立即轉念，避免鑽牛角尖。
- 以宏亮嗓音精神抖擻地表達。
- 簡單說明重點。
- 選擇運動風或能展現活力的穿搭。
- 選擇以三原色為主的簡單明亮色彩。

迷惘時可以這麼做！

- 擲硬幣決定。
- 思考是否喜歡採取這項行動的自己。

ASC 金牛座 ♉

你今生的武器是

優雅與富裕

一旦武器等級過低，無法妥善使用時，旁人往往會這樣看你……

存在感低、不願表達反感、總是我行我素、固執、愛生氣、遲鈍、不擅長清潔。

←

武器升級後，你將擁有以下特質，並能輕鬆打造理想現實：

安穩且令人放心、總是眉開眼笑、聲音甜美、舉止高雅、家教良好、能引領他人度過從容優雅的時光、心情永遠如詩歌般平靜、中心思想堅定。

迅速升級武器的方法

- 以穩健的步伐追求最高品質。
- 重視真實的自我，不勉強自己。
- 先滿足自己，再帶領旁人迎向豐盛。
- 帶著愛心、細心與實在的態度對待金錢與物品。
- 不顧旁人眼光，勇敢堅定地生活。
- 默默與不合的人保持距離。
- 只接觸令你身心愉悅的「人」、「物」與「金錢」。
- 明白療癒自然的同時，也能療癒自己。
- 選擇散發優雅高尚氣息的穿搭。
- 選擇高雅柔和的顏色。

迷惘時可以這麼做！

- 先完全放鬆身心，再思考。
- 做出光是想像就能令感官備感愉悅的選擇。

ASC ♉

ASC 雙子座♊

你今生的武器是

知識資訊網絡

一旦武器等級過低，無法妥善使用時，旁人往往會這樣看你……

輕浮、急躁、喜歡貿然下定論、言行不一、喜愛推卸責任、朝三暮四、城府深、狡猾奸詐。

武器升級後，你將擁有以下特質，並能輕鬆打造理想現實：

坦率、消息靈通、聰明伶俐、交友廣泛、幽默風趣、活力充沛、人緣佳、擅於指導別人。

迅速升級武器的方法

- 盡可能廣泛交友、多方嘗試。
- 四處分享自身所有經驗。
- 拋開對結果的執念，單純享受過程。
- 配合他人及現場氛圍調整說話模式。
- 不停四處奔波，一心多用。
- 學會臨機應變。
- 用幽默傳達每件事。
- 隨時保持對一切的興趣。
- 選擇時下流行的穿搭。
- 選擇能取悅當下自己的顏色。

迷惘時可以這麼做！

- 收集所有資訊。
- 將腦中的聲音化為文字。

ASC 巨蟹座♋

你今生的武器是

如家人般的溫情

一旦武器等級過低，無法妥善使用時，旁人往往會這樣看你……

十分怕生、熟識後便開始任性妄為、心情起伏激烈、容易受傷、嘮叨、喜歡以恩人自居、一陷入恐慌就會情緒失控、過度重視友情。

武器升級後，你將擁有以下特質，並能輕鬆打造理想現實：

和藹可親、敏銳察覺他人痛苦、散發母性光輝、擅長照顧、自然撫慰人心、善於撮合陌生人、情感豐富。

迅速升級武器的方法

- 將情感視為靈魂的真心話並善加運用。
- 藉由療癒自己的心情來同時療癒他人。
- 只和能把任何情緒當作訊息，並且接住它的人來往。
- 與他人互相了解彼此的弱點，加深羈絆。
- 培育他人的強項，而非帶著恐懼保護他人。
- 謹記「付出愛就不會受傷害」。
- 視情緒起伏如月亮的陰晴圓缺，帶著肯定會好轉的心態度過低潮。
- 視眾人為家人，打造舒適宜人的世界。
- 選擇舒適輕鬆的自然材質穿搭。
- 選擇令人心曠神怡的柔和顏色。

迷惘時可以這麼做！

- 做出能「提振精神」的選擇。
- 請教對你瞭若指掌且值得信賴的熟人。

ASC ♋

你今生的武器是

ASC 獅子座♌

魅力與創意

一旦武器等級過低，無法妥善使用時，旁人往往會這樣看你……

愛出風頭、恣意妄為、過度在意他人眼光、浮誇、自命不凡、容易得意忘形、抗壓性過低、愛亂花錢。

武器升級後，你將擁有以下特質，並能輕鬆打造理想現實：

散發華麗的氣場、眼睛炯炯有神、聲音鏗鏘有力、談吐引人入勝、能夠鼓舞他人、創意爆棚、天真浪漫、生產力旺盛。

迅速升級武器的方法

- 帶著鏗鏘有力的聲音和炯炯有神的目光與他人來往。
- 找出每件事的樂趣。
- 決意過上幸福的生活。
- 拋開年齡，如同玩樂般放鬆且純粹地投入某事。
- 如孩童般單純地愛人。
- 相信孤獨寂寞是因為自己是特別的存在。
- 把世界視為一座豪華的遊樂園，悠遊其中。
- 面對他人時，想像對方仍是一名天真的孩童，並鼓勵逗樂他。
- 選擇獨樹一格、豪華高貴的穿搭。
- 選擇金色等高貴華麗的顏色。

迷惘時可以這麼做！

- 選擇令你心動好奇的路，並不執著結果。
- 做出將來能因擁有這份體驗而感到慶幸的選擇。

ASC 處女座 ♍

你今生的武器是
無微不至的心

一旦武器等級過低，
無法妥善使用時，
旁人往往會這樣看你……

神經質、嚴厲、拘謹、執著、小氣、喜歡品頭論足、一板一眼、如機械般死板。

←

武器升級後，你將擁有以下特質，
並能輕鬆打造理想現實：

凜然莊重、文靜知性、乾淨整潔、通情達理、表達清晰且易懂、認真且值得信賴、細心體貼、給人滿滿的安全感。

迅速升級武器的方法

- 設立具體的目標。
- 一步一腳印地朝偉大夢想前進。
- 計畫→執行→修正→再執行。
- 凡事不歸咎於他人。
- 規律生活。
- 主動整頓混亂的情境與空間。
- 發言時留意對方的狀態與時機。
- 友善地提議，而非無情地批評。
- 選擇整潔的穿搭。
- 選擇草本綠或蒼藍等清爽的顏色。

迷惘時可以這麼做！

- 整理周遭環境，這麼做往往能意外地整理思緒。
- 做出有益於自己、他人與社會大眾的選擇。

ASC 天秤座♎

你今生的武器是

溫柔與人氣

一旦武器等級過低，無法妥善使用時，旁人往往會這樣看你……

鎮定平靜、唯唯諾諾、優柔寡斷、自戀、平凡、毫無主見、沒擔當、八面玲瓏。

武器升級後，你將擁有以下特質，並能輕鬆打造理想現實：

笑容可掬、優雅、聰穎、散發友善氣質、外柔內剛、得體有型、能與任何人打成一片、能明確表達主見。

迅速升級武器的方法

- 以發自內心的微笑作為與他人和諧共處的第一步。
- 從對方的視角重新解讀情況，找出雙方都能接受的解決方法。
- 透過帶給他人幸福，成就自身的幸福。
- 藉由理解他人來了解自己。
- 不收超過所付出的饋贈，也不奉獻超越所得之物。
- 與合不來的人保持「舒適的距離」。
- 支持他人成為「最高版本的自己」。
- 透過與他人共同達成光榮的目標，加深彼此的羈絆。
- 選擇眾人皆能接受的優雅穿搭。
- 選擇高尚華美的顏色。

迷惘時可以這麼做！

- 寫下各個選擇的優缺點。
- 做出雙方都能接受，並有助於促成環境和諧的選擇。

ASC 天蠍座 ♏

你今生的武器是

密謀能力

一旦武器等級過低，無法妥善使用時，旁人往往會這樣看你……

平凡無奇、似乎不好惹、愛操心、擁有不為人知的一面、得罪不起、喜歡記仇、直覺太過敏銳、似乎知道許多秘密。

武器升級後，你將擁有以下特質，並能輕鬆打造理想現實：

存在感強、平時沉默，發言一針見血、看透一切、有先見之明、擅於抓準時機，具隱藏黑馬潛力。

迅速升級武器的方法

- 深入、密集且徹底地探究某事。
- 因變化而成長蛻變，自終結中迎向新生。
- 先給予，並從善的循環中獲取回饋。
- 透過配合對方的頻率來強化彼此關係。
- 發掘摯愛之人的潛能。
- 相信一切皆有其意義。
- 解讀萬物所夾帶的訊息。
- 留意自己發出的訊號，因為它終將反彈回來。
- 選擇低調的穿搭（如長裙、針織衫、太陽眼鏡等）。
- 選擇以酒紅或暗色系為基底、卻能展現強烈對比的熱情色彩。

迷惘時可以這麼做！

- 選擇能讓所有當事人真心感到舒適的作法。
- 做出能讓彼此都提升能量的選擇。

ASC 射手座 ♐

你今生的武器是

自由與冒險精神

一旦武器等級過低，無法妥善使用時，旁人往往會這樣看你……

無憂無慮、不負責任、神經大條、容易說出刺耳的話、雜亂無章、凡事三分鐘熱度、十分失禮、總是行蹤不明。

←

武器升級後，你將擁有以下特質，並能輕鬆打造理想現實：

開朗、積極正向、正直、自由自在、充滿野性、言談有深度、直覺敏銳、親切樸實。

迅速升級武器的方法

- 依循第一直覺，並逐步將其付諸行動。
- 一有想法，就立刻獨自執行。
- 直接且明確地表達願望。
- 不查看、也不顧慮他人的臉色。
- 向自然與動物學習。
- 隨時保持寬宏大量與積極進取的態度。
- 享受獨處時光。
- 永遠懷抱冒險精神。
- 選擇輕便且令人放鬆的穿搭。
- 選擇天然素材或自然色系。

迷惘時可以這麼做！

- 依循第一直覺。
- 做出將來快樂的自己會大力推薦的選擇。

ASC 摩羯座 ♑

你今生的武器是
堅定不移的雄心

一旦武器等級過低，無法妥善使用時，旁人往往會這樣看你……

過度認真、不懂玩笑、工作狂、老氣、嚴肅、無情、總是悶悶不樂、有些自卑。

武器升級後，你將擁有以下特質，並能輕鬆打造理想現實：

平靜莊重、謹言慎行、責任感強、執行力高、才華洋溢、目標明確、具備先見之明、富有服務精神、擅於管理。

迅速升級武器的方法

- 幫助親友、社會與地球。
- 默默實踐有益於周遭環境的行動。
- 先立定遠大目標，再以平常心一步一腳印邁進。
- 獨自完成自己所立下的目標。
- 對自己的行為負責。
- 將他人的評價作為自我管理的參考指標。
- 讓時間沖淡痛苦的過往。
- 即使遭逢意外，也要盡好本分。
- 選擇質感精緻、簡潔俐落的穿搭。
- 選擇沉穩的大地色系。

迷惘時可以這麼做！

- 選擇能想像自己會因他人的喜悅而感到開心的行動。
- 做出對世界有益的選擇。

ASC 水瓶座♒

你今生的武器是 前所未有的改革力

一旦武器等級過低，無法妥善使用時，旁人往往會這樣看你……

總是自行其是、古靈精怪、奇葩、彷彿外星人、惹人生厭、冷酷、意外地頑固、喜歡據理力爭。

武器升級後，你將擁有以下特質，並能輕鬆打造理想現實：

知性、超凡脫俗、幽默風趣、足智多謀、對萬事萬物皆懷抱興趣、親和力強、學識淵博、思想自由。

迅速升級武器的方法

- 做出有益眾人的選擇。
- 以客觀角度看待事物。
- 將人生視為一場實驗。
- 藉由幫助他人來實現自我提升。
- 組織專業團隊。
- 將情緒當作「資訊」來解讀。
- 跳脫框架，勇於異想天開。
- 將低潮視為轉換方向的訊號。
- 選擇運用嶄新素材、能開創潮流的穿搭。
- 選擇酷炫奪目的金屬色系。

迷惘時可以這麼做！

- 向好友或信任的人蒐集資訊。
- 做出嶄新、難得、有趣，並能帶來啟發的選擇。

ASC 雙魚座 ♓

你今生的武器是 與生俱來的療癒能力

一旦武器等級過低，無法妥善使用時，旁人往往會這樣看你……

總是焦慮不安、容易受傷、懶散、喜歡下意識說謊、成天發呆、缺乏幹勁、不可靠、容易受騙。

武器升級後，你將擁有以下特質，並能輕鬆打造理想現實：

心地善良、散發和諧氣場、讓人安心、純淨無瑕、得寵、令人不忍欺騙、擅於接納、惹人憐愛。

迅速升級武器的方法

- 宛如乘著順流而下的船隻般，放鬆享受人生風景。
- 順其自然。
- 時時思考自己渴望維持的心情狀態。
- 藉由交託給宇宙安排，獲得最佳結果。
- 化身為一台「空氣清淨機」，療癒現場氛圍。
- 保持平靜心情，藉此締造奇蹟。
- 慵懶地度過低潮期。
- 每天花一小時安靜獨處，為靈魂充電。
- 選擇溫柔療癒系的穿搭風格。
- 選擇柔和可愛的粉彩色系。

迷惘時可以這麼做！

- 一切交由守護自己的偉大存在安排。
- 想像眾人皆被愛包圍，並在心中默默祝禱。

＼說到底／

聽見靈魂的聲音究竟是什麼感覺？

（大概像是這樣）

我明明這麼努力！
但你的方向錯了～！
原，原來如此…
我已經不知道自己該相信什麼了…
至少先相信自己吧！
原，原來如此…
我真的這麼糟糕嗎？
才沒有很糟糕！你都不知道你其實超棒的！
咻～
咻～
原，原來如此…

你並不會像這樣直接看見靈魂（這只是一種想像中的畫面與比喻）。
而靈魂的想法往往會與你本人的言行有所出入，不過，若能一致，便代表這是靈魂給予的明確訊息。
※每個人的感受方式、接收方式皆不盡相同。

關於占星術和靈魂揚升

☆為何至今接觸的占星術都讓人難以信服？……………

不準是有原因的

在不同時代裡，占星術被視為科學、醫學、天文學、心理學、農務計畫、曆法、信仰、命理方法、預言術、機密儀式、魔術，甚至是異端或邪物。長年以來，占星術一直都是機密儀式中的機密儀式，只有各領域的菁英、國家元首和宗教團體內的極少數人才有辦法接觸。

這些人繪製出生辰或特定時間當下的「星盤」，使用其中複雜的點、線與占星符號，來研究、解釋、預測各種問題，運用範圍從個人疑惑到國家與全球議題，應有盡有。

只是，星盤於不同時期的影響力卻天差地遠。在現代，書店的娛樂書區總是擺滿星座書，眾人也都引頸期盼晨間雜誌秀或雜誌上的每日運勢，甚至登門拜訪號稱「神準」的占星師。

我想大家在閱讀雜誌或星座書上的解說時，肯定都有「有些準、有些不準」的經驗，這很正常。因為雜誌或電視上的星座專欄，多半只以太陽星座作為占星依據。

其實，占星術精密且複雜得驚人。這是一套耗費超過五千年，透過觀測某個特定時間點內十個以上的行星與占星理論中的點線所在位置，解讀其代表的詳細意涵，所建立而成的理論。而電視和雜誌只採用其中的太陽星座，簡單解釋多數人皆能符合的內容，肯定會降低準確度。不過相對地，這樣的方法確實有淺顯易懂、方便運用的優點。

此外，每名研究者在解讀星盤上的各種資訊時，都持有不同的觀點與技巧。即使看著同一張星盤，每位占星師所著重的地方也不盡相同，即便解釋相同要點，每位占星師也都擁有各自獨到的解釋方法。這是因為每位解讀星盤的人的技術、涵養、價值觀與靈魂經驗皆大相徑庭的緣故。當然，時代和文化背景也有著深遠的影響。

相同星座的人之所以有著相異的個性，是因為揚升階段不同

我和占星術相處這近五十年來，幾乎對預知詳細的未來不拘任何興趣，反而只是持續透過

星盤，觀察每個人的個性、天賦與人際關係。而我透過閱讀全球文獻、參加各種研討會、向個案學習，同時配合自學與自身經驗，來研究靈魂轉世等靈性問題，約莫也有四十年的歲月。

在這之間，我看著同一個人的個性隨時間改變、同日出生的雙胞胎性格隨成長漸漸分歧，也發現相同星座解釋在不同人身上呈現的內容各異，於是開始相信：「靈魂會在累積各種經驗的過程中不斷揚升，隨經驗值變化，個性的展現方式也會改變。」

歷經多年的觀察，「靈魂藍圖占星術」於焉誕生。這個占星術將星盤視為一張靈魂的成長藍圖，以靈魂視角來解讀星盤。然而，由於星盤本身既精密又複雜，本書為了讓每個人皆能方便運用，只先介紹了基本的內容。

不過，再怎麼精密獨特的星盤，也都只是展現出你靈魂所設計的藍圖而已，而且，你能夠選擇的藍圖永遠不只一張。所以，獨一無二的你現在所做出的選擇才是最重要的，你必須如同操縱基因一般，分別選擇啟動、封閉、充分展現與稍作克制的部分。換言之，你靈魂的揚升程度以及人生這場遊戲的結局，會因你有許多變數。

☆ 無論靈魂或宇宙，一切皆在成長揚升

你正在締造幫助宇宙擴大揚升的能量和資訊

我想截至今日，應該都沒有人以「揚升」的視角來談論過星座。

然而，世間萬物始終都在成長。所有一切都會在周遭環境的影響下，歷經萌芽、開花、結果、腐化、分解，再重新冒出新芽這條成長之路。為了讓自身的內在隨著外在世界一同成長，萬物必須持續歷經這道進化循環，配合著大環境的變動不斷揚升。

我們的身、心、靈，其實也在周遭環境的影響之下結果、成熟、分解，並在新的循環之中再次重生、結果。這就是生命的循環。在這之中累積的所有經驗與資訊將完完整整傳承給下一代，並在他們增添嶄新經驗後進化升級，最後全數逐一貢獻「整體（宇宙）」。

事實上，每個靈魂都正透過「人生」，來產出豐富且多樣的能量與情報，並無時無刻打造

得以協助整體（宇宙）揚升的重大資訊和選擇。這一切，都是你在獨自拚命生活的過程中默默發生。只要你順其自然，活出自我，就不會與宇宙的揚升大幅脫節。

不安與恐懼的真正含義

然而，我們其實很容易迷失自我。活在人類的軀體，與身為擁有全知視角的靈魂有著天壤之別。以肉身活在地球，就必須忘卻靈魂的觀點，運用「過去→現在→未來」這道不可逆的時間機制與「生命有限」的設定，收集資訊，創造所有感人的體驗和故事。

而你的靈魂設定好，若你在體驗的過程中①逼近危險、②試圖採納偏離自身本質的觀點，或是③感覺要偏離靈魂藍圖的規劃，你將會感覺到強烈的不安和恐懼。你可以將其視為一道警訊，提醒你必須提升能力，為偏離期望的發展做好預防和準備。順利的話，不安和恐懼將得以培養你「謹慎」、「計畫能力」、「觀察力」、「深謀遠慮」、「躲避能力」、「防禦力」、「行動力」、「判斷能力」和「突破力」等各種技能，安全地引導你朝靈魂渴望的道路前進。

只是，無論是人生經驗裡充斥過多強烈的不安和恐懼，或是擁有太少不安和恐懼的體驗，都會使一個人渴望緊抓安心感、安全感和快樂不放，進而過度依賴保護自己的人，或是為了減少敵人而過度融入群體，最終封閉了真實的自我，開始喬裝成旁人期許的模樣。

如此一來，不僅必須避免因失敗而讓他人失望，還無法按自身的期望行動，甚至會在旺盛的記憶力和想像力的驅使之下，反覆設想偏離期望的發展，而對未來感到無限焦慮，超乎想像的壓力也因此不斷萌生，最後，不只身心痛苦，還失去了「自我」。有時，甚至還會引發更為慘痛的結局，脫離宇宙的揚升節奏。（順帶一提，靈魂藍圖占星術將「沒來由的強烈不安」解讀為「前世經驗遺留的記憶和成見」）。

其實，善用不安和恐懼將能帶來諸多益處。「不安和恐懼」就像雨衣，碰上下雨天時，明明雨衣在手，卻選擇不穿，讓自己淋成落湯雞，可說是浪費之舉，然而，同時穿好幾件又會不舒服，不僅行動不便、悶熱不適、限縮視野，還會感覺失去自由，反而更容易釀成危險事故。

對靈魂而言，壓力本該如同透過恰當的重力鍛練筋骨一般強化身心，但在難以完全靜心的現代裡，超乎想像的不安與恐懼就像筋骨無法支撐的重力一般壓垮身心，阻礙靈魂發揮智慧。

我們本該透過本能、直覺和感受，接收與偉大存在（宇宙）連結的神靈給予的訊息，藉此輕鬆獲得指引。然而，有很多人卻因為不安和恐懼而做出錯誤決定，採取不適合自己的思考模式和行動。最終，不僅破壞了作為接收天線的身心，也切斷了與神靈和偉大存在的連結，不費吹灰吃力地打造出偏離理想的人生，令自己痛苦不已。

揚升自己，以學會善用不安與恐懼

本書登場的**「膽小鬼捷諾」**與**「達觀大師」**皆會感到不安和恐懼。

然而，**膽小鬼捷諾**早已忘卻它們代表的意義，因此，當不安和恐懼來襲時，只會倉皇失措，最終，不僅迷失了「自我」，也切斷了「和偉大存在的連結」，除了折磨自己外，還錯失重要的人生體驗。

相反地，**達觀大師**清楚明白不安和恐懼的意義與善用方法。因此，當它們席捲而來時，他得以立即拋開、忘懷負面的想法、人事物與情境，與它們立下界線，並改變自身的觀點與言行，做出種種「忠於自我」的選擇，最終在「偉大存在的支持」之下，享受靈魂渴望的體驗。

另外，**智者烏魯斯**完全不會恐懼不安。儘管他們行為舉止自由，卻永遠都不會招來無可救藥的危難，也不會接納不適合自己的事物，或是偏離靈魂藍圖的計畫。在任何情境下，都能「忠於自我」，與「偉大存在」一同締造靈魂渴望的體驗。

「不安和恐懼」本身並不負面，反而能發出重要警訊，引領你完全活出自我、過上滿意人生。反而是無視這道警訊、毫無防備地躍入危險、因不安和恐懼蔓延而侷限自身視野、故步自封、因沮喪而對人咆哮、堅持貌似正解的「正解」，失去生存意志等，才會釀成災禍。

在人生找尋正解一點意義也沒有！

這世上沒有公認的正解與正確的人事物。每個人的靈魂目的不同，心中的「正解」也會有所差異。

事實上，就連「事實」，也不過是在你立下目的、信念與核心價值的瞬間，匯集至你面前的相符事件。當「核心價值」改變，就會有與其相符的嶄新事實重新駐足你眼前。始終堅持相同核心價值的人，將會無止盡反覆相近的生活與關係；不斷改變核心價值的人，眼前的世界將會變化多端；而同時擁有多種「核心價值」的人，其世界將充斥各種事實。你無需特意吸引，自你心裡立下的瞬間，就已經開始產生改變。這也就是為什麼，如果你的行動符合靈魂目的，一切將會順水推舟；一旦不符，便會感覺窒礙難行。

此外，不同的人遇上相同的事情，也會因各自的目的、目標和揚升程度不同，擁有截然不同的體悟。這就像是日本因應新冠肺炎和自然災害的措施，與他國有大幅程度的不同一樣。同樣是日本人，每個人對於口罩和疫苗的態度也都大相徑庭。這並沒有對錯之分，單純只是因為每個靈魂的目的、目標和揚升程度皆迥然相異而已。而究竟你是「能思考自己的理想與核心價值，並善用不安與恐懼」，還是「被不安牽著鼻子走，一味追求符合他人眼中的正解」，將使你擁有全然不同的體悟。

你是能夠自由運用任意材料，打造「人生」這部作品的藝術家。找尋正確的素材只是枉然，因為沒有任何一位藝術家會詢問旁人「該使用何種材料、創作何種作品才正確」，而且這樣子打造出來的作品，恐怕也稱不上是你的創作。因此，請盡情嘗試各式各樣的素材，打造你獨到的作品，不喜歡就打掉重練，好好享受創作的歷程吧！

☆ 你身上的光芒是至高無上的禮物

時代無時無刻都在轉變

木星和土星每二十年會合相一次，這在占星學中稱作「大合相」。在過去的兩百年間，這個特殊的星盤配置皆落在「土象星座（最近一次是發生在摩羯座）」。而二〇二〇年十二月二十一日是個轉捩點，在此之後約兩百年，大合相將會持續落入「風象星座（現在是水瓶座）」，代表時代的價值觀將大幅轉變。
在這短短的幾年間，「必須努力取得成功，成為一名偉人，穿上華麗的衣裳，駕駛高檔的汽車，住在高級的豪宅裡」的思想，已經令人感覺有些詫異。相反地，「與眾人熱烈分享有趣的知識、資訊與才藝，一同締造樂趣」對許多人而言反而更具吸引力。
而且，冥王星從二〇二三年三月二十三日左右，開始於「水瓶座」和「摩羯座」之間來回移動，並於二〇二四年十一月正式進入「水瓶座」，預計在此待上二十年。因此，打破現今常規的自由思想與意識將更加活躍，不能依賴他人、必須一肩擔起自身責任的感受也將逐漸增強，甚至有些人還會因過於自由而覺得「綁手綁腳」。
另外，還有一說，是在我們居住的宇宙（※1）裡，地球所屬的「超星系團」基於自轉，將結束長達兩千五百年的夜晚，迎來約兩千五百年的白晝（※2）。而現今，這世界確實也發生了諸多轉變，譬如新冠肺炎爆發前後的生活環境、加入烏克蘭等地戰爭的各國勢力等。應該也有不少人早已察覺，我們將迎來全面變革與覺醒的時期吧！

※1……據說我們居住的「宇宙」也如同行星一般，繞著「于由」這個無形能量旋轉。
※2……由宇宙物理學家小笠原慎吾研究提出，並受到小山內洋子、天河理恵等多數學者推崇。

無論世代如何轉換，都有「獨一無二的你才辦得到的事」

若渴望享受這個瞬息萬變的嶄新時代，就必須格外重視「**自身**的感受」。讓自己的意識從過往時代的思想順勢轉換為新時代的思維固然重要，但**你的獨特性**更為重要。你無需配合時代勉強改變自己。

靈魂其實是刻意設定好要讓你在這個時代**活出自我**的。換言之，無論時代思維如何轉變，你都是為了**在這個時代裡展現自我**，以尋求唯有如此才能獲得的寶貴經驗，並將這些經驗貢獻給世界和宇宙，才誕生於此的。**發揮你個人特質，用你獨特的光彩打造整體的和諧**，是你最重要的任務。

如今，已經有許多「風象時代」的相關資訊於四處廣為流傳。接下來，我們將迎來將近二十年的水瓶時代，接著還會迎接天秤時代和雙子時代，在這些時代的輪替之下，風象時代將會持續約兩百年。而這一切終會化為歷史，於兩百多年後迎來「水象時代」。時代無時無刻都在轉變，每個時代肯定也都有「好的一面」與「嚴肅的一面」。無論何者，都對我們靈魂和宇宙的揚升有極大的幫助。不過，即便你仍無法融入，甚至感到不適，都沒關係。時代思維勢必會持續形塑出一個又一個的世代，但無論身處哪個時代，都有只有「你」才能辦到的事，因為你的靈魂正是計畫要你於今生以**「做自我」**為傲。

下個時代的必備技能

占星術是將從古至今眾多前輩歷經五千年至七千年以上的浩大努力與研究所遺留下來的大筆觀察資料進行整合，而發展出的學問。不僅從距今約三萬七千年前的古代居住遺跡裡，曾發現刻有月相的動物骨骸，於距今約五千年前發展出繁盛文明的蘇美人也積極探究星象移動和萬物之間的關係。在這悠長歷史裡累積下來的資訊，雖說是無數心血與智慧的結晶和寶貴遺產，但說到底，也不過只是過往的資料罷了。

先前提到，我曾在被稱作「管道」的美國著名靈能者開設的講座中，被告知「早已可以在一般情況下，無意識地運用通靈（連接不同頻率的能力）與其他頻率交流」。

當時的我，不僅有時會在工作中脫口而出一些原本未知的道理，而讓個案深受感動，甚至潸然淚下地告訴我：「你的建議相當深入人心，簡直不可思議！」「感官還時常有些不同以往的反應，而這份「感受」與「事實」一致的機率也逐漸增加。我仍記得，當時的我清楚感受到「既然我也辦得到，接下來肯定也會有愈來愈多人擁有這道能力，它將成為每個人的必備技能……」。

結果如我所料，最近有許多人開始意識到，一般人「早已具備」一定水準的這種技能。而且，人類無時無刻都在進化，像占星術這種過往只有特定人士才能使用的機密儀式，現在每個人都能透過網路簡單進行。而今，眾人也都具備通靈、療癒、讀心、預知、透視、操控時間、吸引力法則或顯化等各式各樣的特殊能力，大家可以自行選擇渴望發揮的技能，並且精益求精。若決意要活出自我，這絕對是必備的能力。

儘管歷經許多挑戰和學習，隨著靈魂（與能耐）的成長，仍會有嶄新的試驗與課題逐一來到你的生命，永無止境地刺激你，促進你靈魂揚升。

幸運的是，為了不讓你在「風象時代」，以及其他所有嶄新時代的資訊汪洋裡遺失獨特性，每個人皆平等地配有「通靈能力」這副堅固的指南針。其最具成效之處，並非連結自身以外的頻率，而是連結位處自身核心的「靈魂」，從中仔細搜索情報，我將其稱作「通自己的靈」（方法十分簡單，請參閱參閱第38頁）。為了讓每個人都能自由自在地與自己的靈魂對話，我也開設了訓練課程和諮詢協助（請參閱書末的個人簡介）。

在接下來的時代裡，最重要的並非從占卜、講座、網路或是偉人金句中找尋「正確的資訊」，而是明白「哪些資訊適用於自己」，以及「運用這些資訊獲得理想的體驗方法」。

我希望你也能透過通自己的靈，與自己的靈魂深度談話，從所有資訊（或是此書內文）裡，快速擷取符合自身頻率的內容，並善加活用。每道選擇必定都會引領你前往下一道體驗，而你也正是為了打造出只要你才能創造的獨家體驗，傾注浩大的能量，規劃了「自己」與現今的環境，並在做足準備後來到此世，最後在現在盡情享受所有一切。

靈魂的運作機制與揚升的關聯

（一切資訊會隨著人類的理解程度不斷揭露、更新。此書內文的資訊僅為書寫當下的最新資訊，請見諒。）

據說，靈魂會透過不斷投胎轉世，體驗不同角色的立場，在經驗中明白、體悟諸多道理，藉此不斷成長揚升。此外，也有人說靈魂透過經驗獲得的資訊，將擴大宇宙的資料庫（尼爾・唐納・沃許《與神對話》）。

我還常聽到「地球上的所有體驗，都是帶領靈魂成長的修行」的言論，但就近年來每位個案的靈魂帶給我的印象，以及世間輿論的趨勢，我感覺這樣的解讀也隨著時代進化，從「修行」演變成「遊戲」（似乎無論身處哪個時代，所有資訊都會隨著我們靈魂的揚升階段，以容易理解的形式傳遞予我們）。

在我們運用這副身體活在世上的期間，我們會「忘記」靈魂為了體驗貨真價實的驚喜感動，而精密設定的遊戲計畫，無知地帶著新鮮的感受開啟遊戲。在你每次帶著對未知滿懷興奮的心情，做出極富自由的選擇（隨著靈魂的揚升程度不同，自由程度也會改變），並因此獲得意想不到的體驗、體會難以想像的心情，以及跨越困境、解決煩惱之時，你將會創造只有你才能打造出來的嶄新元素，豐富宇宙的資訊來源。

以下，我針對眾人經常提問的靈魂相關疑問，統整出我多年來學到的，以及透過通靈明白的道理。

經驗豐富的靈魂特徵

經常有人問我：「提升靈魂的經驗值後，會發生什麼樣的變化呢？」以下是我試著統整出的觀點（其實正是從本書提及的**達觀大師進化至智者烏魯斯**的感受）。

1 不再以非黑即白的方式判別是非

不再以「好」、「壞」辨別是非，但這絕非代表缺乏判斷能力。舉例而言，大多數人一般都會無庸置疑地認為「殺人罪不容誅」，但靈魂經驗豐富的人曾在各式各樣的情境裡，體會過身不由己的處境與無可奈何的心情，而這些林林總總的經驗與記憶依舊殘存於靈魂內，致使他們不會輕易斷言「殺人是完完全全的惡行」。

不僅針對殺人犯，經驗豐富的人往往也能共感所有罪人，做出「他應該有難言之隱吧，辛苦他了！」、「他接下來的贖罪之路肯定艱辛無比！」「這件事將徹底改變他的一生！」、「雖然代價沉重，但希望他能獲得深刻的體悟」等評論，而非譴責他們罪大惡極。

而且，經驗豐富的靈魂早已深知這些行為將招致多大的損失（與收穫），所以也不會想要擁有相同的經歷。

2 不再懷抱強烈的義務與束縛

逐漸不再認為自己「必須」或「不得不」達成某事，並且在從事任何事情時，都能自然而然認為「這些經驗將帶領自己成長」、「不經一事、不長一智」。因此，也不太喜歡「不能生氣」、「必須心懷感激」、「不可饒恕」等說法。

明白所有情緒皆有利有弊，同時也是讓自己察覺真實心聲和理想道路的「重要訊號」，因此得以好好感受情緒。此外，也能領會向他人發洩負面情緒是**痛苦、徒勞且不必要的舉動**。

能夠時時刻刻「心存感激」，而非只是單純「道謝」。即便遭逢不利，也能清楚明白自己將因這段經歷成長揚升。

深知自己與其他靈魂皆基於靈魂契約而懷有各自的使命，因此不會將他人視為「壞人」。同時，也明白彼此都是「透過必要的經驗努力學習的靈魂」，皆在善盡職責，所以得以拋開責備與內疚，認為既然世間不存在錯誤，那也無需「原諒」。

3 不再過度恐懼

「恐懼」其實扮演著一個重要角色，那就是幫助我們的身心維持在得以經歷必要體驗的狀態。然而，隨著靈魂的經驗值提升，你將逐漸明白每道經驗皆有意義、世上不存在致命的失敗，生命也不會隨意消逝或遭人剝奪，因此，你將無需強烈地「保護身心」，恐懼也就隨之減少。然而，這並不等於輕視生命，反而是將生命視為難能可貴的旅程，既不因恐懼而去干涉他人的生命與經驗，也深信自己在必要之時自然能受到保護，並能在必須離開肉體（死亡）時，不帶任何執念，優雅地離去。而當你散發出這股「無需恐懼」的能量時，你將能緩和或驅散他人渴望攻擊的念頭（有時，若對方渴望攻擊的念頭只是暫時的，也能幫助對方察覺並勇敢吐露自己的苦衷）。此外，當身心靈的目的一致時，將更容易發揮強大的力量。

4 不再怪罪他人

靈魂揚升後，將會明白發生問題時，責怪他人、歸咎某事皆毫無意義，因為你已不知不覺懷有「問題的發生是為了引領困苦之人成長」的意識。

在人生中遇上的「討厭人士」，其實都和我們約定好，要來告訴我們「內心傷口」的所在之處。這些靈魂皆是我們親密的夥伴，接下了討人厭的角色，幫助我們不再無視自己的傷痕，假裝自己毫髮無傷。

這就像是在健康的皮膚上撒「鹽」不足為慮，但撒在「傷口」上將會令人痛不欲生一樣。內心的痛楚也是，「痛苦的經驗」和「討厭人士」就是那把「鹽」。痛苦的原因並非「鹽」，而是我們「擁有傷口」。帶給你慘痛經驗的人，其實正在點醒你傷口的位置，並提醒你去「治癒這個傷口」，而非去討厭鹽，藉此來療癒你的內心。

我們需要光明與黑暗，才能保持中庸

周圍愈陰暗（陰），光芒（陽）就愈耀眼。人生的喜悅與幸福所散發出的光芒（陽）也是，當痛苦、悲傷（陰）愈強烈，就愈容易只因小確幸而感到無比幸福；相反地，一旦習慣了幸福的光輝，喜悅便會褪色，也更容易在意起微小的不幸。

陰暗（陰）其實還有一個了不起的功效。身處黑暗時，你將能不受周圍的光芒左右，好好直面「靈魂」，堅定地確立對自己而言真正重要的事物，以及自己渴望前進的方向。你將能濃縮自身能量，謹慎、確實地培養「堅毅的底氣」。最終，在某個痛苦（陰）至極的時刻，一口氣朝理想之路猛力反彈而去。此時，這股於黑暗中孕育成熟的能量將變得無比強大，引領你爆發性揚升。

相反地，一旦光芒（陽）耀眼至極，能量將因過度擴張而變得輕薄、早衰、脆弱且渙散，最終開始萎縮，重建。

換言之，陰（負面）與陽（正面）只是擁有各自的特點，並無好壞之分。所有萬物都在光暗、悲喜、陰陽的巧妙相互作用之下，持續運作。只有陰或陽，都會使能量的流動逐漸停擺。

人們常說「中庸為善」、「避免偏頗」，但真正的中庸之道與平衡，並非停留光暗、悲喜和陰陽的中間點，而是自在地感受這兩股能量，將兩者皆發揮得淋漓盡致，並於此之間有效率地持續揚升、成長。

「病痛」是靈魂捎來的訊息

所有的病痛都是靈魂捎來的訊息。多數的痛苦與疼痛，都是在警示你正試圖壓迫自己成為靈魂期望以外的模樣（有些靈魂則是計畫帶著病痛完成使命。這種情況下，當事人往往會帶有一股莫名的灑脫感和認命感）。其實，只要在靈魂小聲地提醒你「現正走在偏離理想的道路」時，確實聽進耳裡，跟隨靈魂的指引，你將能快速發揮自癒能力，緩和並減輕苦痛。（然而，其實我們很容易認為痛苦是必要的，也意外地容易相信痛苦的狀態有益自己）。

相反地，如果持續無視靈魂的聲音，祂將會用你無法假裝充耳不聞的巨大音量，傳遞訊息給你。有時，這個訊息規模不只針對你個人，還會龐大到足以撼動世人與時代，譬如眾人因為發現某個疾病，而決定改變生活方式等。愈是令你感受到生命威脅的病灶，愈是在提醒你有多無視靈魂捎來的訊息。

在你決意認真重視自己的身心，以過上靈魂嚮往的人生的當下，你的自癒能力就已經開始發揮強大的功效。你所需的所有資訊也將自然湧入你的生命，因此，你無需刻意學習，只需保持真誠、腳踏實地。相信這道歷程本身肯定能對許多人都有所助益。

生來此世代的每個人，絕對都備妥自癒能力。你本來就蘊藏這股神奇力量，能夠瞬間治癒你的靈魂由衷排斥的病痛，這件事情毋庸置疑。事實上，你能否發揮這道能力，取決於你有多深信自己「需要」這些病痛。

孩子的靈魂想從父母靈魂獲得的，只有一件事

我們在諸多文化與常規的影響之下，容易汲汲營營去追求所謂的「正當」模樣。然而，靈魂卻深知必須以內心期望的「真實模樣」發揮「天賦」，才能達成使命。也正因如此，孩子的靈魂在來世之前，會先挑選適合成為雙親的靈魂，懇請他們成為自己的父母（有時還得努力說服），並在正式成為親子的現在，希冀著自己能以期望的真實模樣過活。只是，世間與孩子自身認定的「好父母」，和「能夠提供靈魂渴望體驗的父母」，事實上大相徑庭。對靈魂而言，父母是經過遴選，前來幫助靈魂揚升與成長的最佳後盾。

遺憾的是，多數的雙親在自己的成長過程中，早已開始成為與靈魂期望相反的角色，導致今日也仍持續扮演著偏離理想的自己。最終，父母無法提供當初約定好的人生體驗，對孩子們的靈魂而言，可以說是一種「違約」（順帶一提，孩子的靈魂其實也肩負帶給雙親靈魂諸多覺

察與體悟，幫助他們成長的使命）。

而我們之所以會全然忘記這樣的約定，是為了不破壞我們的人生體驗與悸動感受（這對宇宙而言似乎是相當重要的資訊）。

父母的使命與孩子的目的

孩子的靈魂會選擇心裡的傷口與「自己渴望療癒的傷口」一致的靈魂作為自己的父母。在上半場的人生中的最佳時機裡，父母與孩子會互相刺激彼此的傷口，並在此之間踏入療癒的過程。也因此，雙親背負著開啟這趟「療癒之旅」的職責。

此外，具備獨特身心特質的挑戰者靈魂，以及很快就離開這座世界的短命靈魂，也都擁有明確的目的和使命。沒有一個靈魂是因為偶然或失誤才以這樣的姿態出世，並以偏離理想的形式委屈地離開身軀。一切皆是宇宙和靈魂的安排。而父母正是孩子的靈魂所選擇，能夠赴湯蹈火支持自己完成這項重大企畫的唯一存在。回顧我記憶裡的所有通靈經驗，至今仍沒有一個靈魂道不出自己為何選擇現在的父母。

而且，我透過許多通靈經驗明白，多數「無法懷孕」、「不想生小孩」、「不想養小孩」的人的靈魂，在前世已經「窮盡心力養育小孩，不僅心生厭倦，也從育兒經驗中受益良多」，或是今生的主要計畫，就是汲取「沒有（自己的）小孩才能獲得的經驗」。因此，請好好和你的靈魂對話。別受到世間的常規與周圍的期待綁架，阻礙你享受精心規劃的寶貴體驗。

☆ 選擇令靈魂了無遺憾的生活方式

自縊就是了結一切嗎？——人只為帶著現今的設定來世一次

「我們會不斷輪迴轉生，歷經各種體驗」的觀點，其實能帶給我們無數恩惠。完美主義的人將獲得「寬宏的視野」，優柔寡斷的人將獲得「決斷的能力」，害怕改變的人將獲得「蛻變的勇氣」，急於求成的人將獲得「以長遠目光思考自我成長的觀念」。

然而，遺憾的是，有些人會誤解這個想法，而考慮用自我了結來結束人生這場遊戲。因此，我總是告誡眾人：「我們只會帶著現今的設定來世一次！」如果輕易葬送靈魂耗廢龐大的時間與精力，萬無一失準備的此生，你絕對會後悔莫及。而且，還有許多靈魂渴望運用你的肉身獲得「寶貴經驗」，你之所有能站在這裡，是因為其他靈魂讓出了這個機會。你的靈魂藍圖，其實比其他靈魂藍圖都要來得吸引人。

其實，我感覺多數我遇見的人，都在前世有過多次「自縊」與「殺人（或被殺）」的經驗。這無關乎善惡，而且他們的靈魂已經打從心底對這樣的經歷感到「厭倦」。當然，也有靈魂因為毫無類似經驗，無法明白其感受，這也絕非罪過。或許他們不明白「自縊」與「殺人」招致的後果的模樣，正是你前世的模樣。

順帶一提，在原福島大學經濟經營學類教授飯田史彥先生的論文〈生きがいの夜明け（生命價值的黎明，暫譯）〉中寫道，根據康涅狄格大學醫學部精神科布魯斯・格雷森教授的研究結果發現：「經歷過瀕死體驗的自殺未遂者，不會再度自縊」，原因在於他們已經明白「死亡並非結束」、「死亡絕非逃避問題的道路」。

理想的死法為？——我們每天都在反覆經歷生死

另外，無論是我生活周遭或是個案的家庭裡，都有不少人十分講究自己的死法，最終也幾乎都以自己「期望的方式」離世（這之中未包涵自縊的例子）。每回聽聞這類的故事，我都再次堅信我們能夠選擇自己的「死法」。

事實上，「死亡方式」即「生活方法」的延伸。「死」等同「事物終結」，而每個「死亡（終結）」發生的瞬間，肯定都會展開「新生（開始）」。我們每天、每一瞬間，都在同時體驗「死」與「生」。「睡眠」死去，「甦醒」誕生；「私人時間」死去，「工作時間」誕生；因告別他人、丟棄物品，一段「關係」死去，「新的空間」誕生；因畢業、轉職，階段性「角色」死去，「新的可能性」誕生。抵達人生終點時，「運用今生這副肉體的體驗」死去，「沒有肉體的體驗」誕生。

生活與人生，其實就是一齣「死（終結）」與「生（開始）」輪番上陣的戲。

如何「活出精采人生」？

那麼，究竟是什麼影響著我們「下一階段（嶄新的階段、新的開展）」的模樣呢？其實，就是「我們度過餘生的方法」。

好好睡覺，醒來時就能神清氣爽；充實地度過私人時光，就能準備好迎接工作；真誠對待他人，就能建立起穩定的交情；善盡眼前的責任，就能懷抱自信完成下一份任務；好好享受今生，就能在肉體死去時做好萬全準備，開啟「沒有肉體的生活（靈界、極樂世界、中間世界）」

※註：日文「中間世」，指人在死後，準備前往下一世前所待的世界。

換言之，「活出精采人生」等同於「精采地死去」，「精采地死去」等同於「活出精采人生」。

「活出精采人生」並非「達成偉大成就」，而是你的靈魂認為自己已經「毫無遺憾地完成這個設定之下得以達成的事，已然盡己所能，心滿意足」。我們無需獲得他人的崇拜與認同，就能「滿足靈魂」。世人認為的出人頭地、功成名就、安逸生活、家財萬貫、學富五車，以及人緣廣闊等，對每個靈魂而言都不是最重要的事物。

害怕死亡的原因——靈魂尚未滿足的證明

靈魂追求的是極致的「體驗」。而「揚升」，便是藉由所有靈魂期望的感動體驗，努力喚醒尚未甦醒的「你」。

一旦試圖活成他人或世間期望的模樣，你的「靈魂藍圖」將無法順利運作，你也將失去幹勁與成就感，下意識逃避困境與挫折。最後，你將對一切感到厭煩，無法迎接嶄新挑戰。這些感受，其實正是靈魂設定好的警訊。

當你過上令靈魂失望的人生，你將愈來愈害怕死亡，因為你的身心靈深知自己「尚有許多遺憾」。持續過上這樣不盡理想的生活，也會令你更加痛苦。

每件事物都會迎來終結，同時也會有新的事物展開。當你以此為前提生活時，你將能開始珍惜剩餘的時光，並決意竭盡心力活出精采人生。終結可能突然降臨，死亡可能無預警造訪。正因如此，我們必須不斷提醒自己，每個瞬間都極其特別且美好，也必須不停追問靈魂現今的渴望與遺憾。唯有詢問你自己，才能得出「自己的解答」。

當你能像這樣意識到生活存在無數「終結與死亡」，而能好好活在當下時，你將發現自己不再對死亡感到畏懼。而在你能夠認為自己「竭盡心力且了無遺憾」時，你也將能做好萬全的準備，滿懷興奮與期待地迎接下個「嶄新階段」——這就是我所追求的「精采地死去」。

每個靈魂都能自主決定生活方法與死亡方式，而其結果也將自行承擔。因此，請務必做出能讓靈魂滿足無憾的選擇。這點十分重要，請容我再三強調。

☆ 你誕生此世就是要活出自我

靈魂契約裡寫下了彼此靈魂真正期盼的事物

你的靈魂計畫要於此生「活出自我」，每個人的靈魂也皆是如此。靈魂對複製品和理想模樣毫無興趣，因為你就是你自己，別人也都是為了完成他獨有的使命，才蒞臨此世。

你無須受世間認為的「好壞作法」牽制，因為對靈魂而言，致命的失敗並不存在。只要你忠於自我，勇於承擔結果，從中學習，著實提升靈魂版本，即便事情表面看似擁有「好結果」或「壞結果」，都絕對能成為一道契機，讓你和他人更接近彼此真正的理想模樣。

請務必無時無刻**重視並成為「你自己」，活出自我，走出自己的揚升之路**。如此一來，你肯定能幫助他人綻放自我。這正是你和其他靈魂之間締結的約定。

如果這本書能成為讓你深入了解**自己與他人的獨特性**，並為每位靈魂的揚升與和諧帶來一點助力，那將是我靈魂莫大的喜悅。

結語

謝謝各位閱讀到這裡。

你現在是否比過去更認為自己和心愛之人皆是「充滿智慧與可能性的偉大存在」了呢？我是否有遵守我和你的靈魂之間立下的約定呢？

有許多人把自己定格為「渺小無知且軟弱」的人，相信自己一旦遭人厭惡便無法苟活，因而痛苦不已，最終逐漸失去了生存的意志。

然而，就我所知，也有許多人鼓起勇氣跳脫這道循環，試圖藉由接納、運用這個不斷「輪迴轉生」的世界，發現更強大的自我，在反覆嘗試與錯誤之中，努力找回最初的模樣。最後回過神來發現，無論自己遇上何事，都依然能過得神采飛揚。我曾目睹好幾次這些人全心全意發揮**潛力**的模樣。

而且事實上，靈魂非常享受這道歷程。

多虧種種的磨難與苦痛，才得以磨練技能，開啟意識，有所察覺、發明與創造。心胸也才能更加寬廣，滋養同理與感動，進而揚升靈魂。在悲傷之中，愛才能閃耀；在憤怒之中，潛能才能爆發；在艱苦之中，羈絆才能加深；在孤獨之中，自信才能增強。正是每個人諸如此般的揚升，成就了宇宙的進化。

也正因如此，你的靈魂決定寫下精采豐富的故事，當然，你早已完整備齊所有效果十足的機制、道具與力量。與偉大存在相繫的你的靈魂，無時無刻，包含現在，都無所不用其極地支持著你，好讓你能藉由人生這場遊戲順利揚升。因此，請務必悉心傾聽內心深處不斷響起的「聲音」（我將其稱之為「靈魂的聲音」，你可以自由取名）。

總是帶著匱乏信念的你，截至目前的人生肯定是驚心動魄、高潮迭起吧！但在閱讀完此書後，你將能立即有效運用手上的資源，順利開展靈魂嚮往的人生遊戲，並盡情享受其中。

為了遵守我和你之間的約定，我過去的人生裡充斥著各式各樣的苦難，而我的靈魂後盾則運用各種或好或壞的方法，協助我揚升。不過，在我極其艱困的人生時刻，多半拯救我的並非親朋好友，而是「書籍」。約莫十五年前，彷彿上天的啟示一般，我在某間書店瞥見兩本充滿已故占星大師珍・史匹勒靈魂能量的書——《靈魂占星：從南北交點認識你的本能與天賦》與《靈性占星（spiritual astrology）》。為了在生活中落實書中深奧的智慧，我從眾多個案的靈魂身上接獲了各式各樣的指引，最終完成了這本專屬於你的「今生指南」。

這一切，都要多虧你在迷失「自我」時，選擇由我來擔任「喚醒你的非凡與靈魂藍圖」的角色。我會（在無意識之中）盡我所能完成這項重大使命，儘管曾幾何時，我也一度想要放棄一切。但多虧過往所有的經驗，我現在的人生才能如此多采多姿。我由衷感謝偉大存在（宇宙）和你的靈魂。下次我們的靈魂相遇時，一定要來場大大的擁抱。

最後，我想再度重申一件十分重要的事情。

獨一無二的你所創造的所有大大小小的事物，皆是在幫助宇宙不斷揚升擴大。在這個宇宙中，你是無人能敵的、既美好又特別的存在。

請務必傾聽靈魂的聲音，盡情品嘗、享受「你的今生」。

期許你能過上比靈魂藍圖更加美好的人生……

你靈魂後盾的一員

井上小亞子

謝辭

我想向我憧憬的偉大占星師——珍・史匹勒的靈魂致上滿滿的敬愛與感謝，您浩大的能量與愛，幫助我和許多人拾獲勇氣。

在我每次陷入谷底時，為我照亮前途的古宮昇老師、帶領我跳脫框架，給予我拓展機會的東豐老師、指引我走出人生關卡的竹內成彥老師，以及以人類和訊息傳遞者的身分，親自教導我「至高無上的愛」的劍山師傅，謝謝你們引領我走到這裡，我將永遠銘記這份恩澤。

深深感謝每位個案與拿著此書的你，因為你們，我才能實現我靈魂立下的重大諾言。

我也想感謝我靈性工作上的夥伴井上由子，以及靈魂摯友金堀香和池田浩美等人，多虧你們的支持，我才能持續從事靈性工作至今。謝謝你們讓我過上豐盛的人生，接下來也請多多指教。

另外，若沒有金田社長及natural spirit的每位員工、特別擔任我人生首位責任編輯，觀察敏銳且細膩溫柔的田中智繪小姐、為插圖上色，具備優秀色彩美感與網站設計能力的大黑紗耶香小姐，以及隸屬於MicroFiche，擁有出色應變能力與視覺品味的設計師平林亞紀小姐，這本書就不會誕生，我也無法完成我12歲許下的願景，我將一輩子牢記這份恩情。

最後，我由衷感謝在我執筆此書時，以希冀的方式完美離開肉體，即便在化為靈魂的現今依舊全力支持我的母親、讓我不斷突破揚升極限的三位寶貝孩子，以及帶給我生命莫大的轉變，同時也是我最珍貴的靈魂伴侶——我的丈夫。

參考文獻

【占星術相關】

・ジャン・スピラー著／東川恭子訳『前世ソウルリーディング―あなたの魂はどこから来たのか』徳間書店
・ジャン・スピラー、カレン・マッコイ著／東川恭子訳『スピリチュアル占星術―魂に秘められた運命の傾向と対策』徳間書店
・ジャン・スピラー著／東川恭子訳『前世・カルマ・魂の相性診断とその開運法―コズミック★ラブ超占星術』徳間書店
・パトリシア・デーヴィス著／バーグ文子監修・訳、森田典子訳『パトリシア・デーヴィスのアロマテラピー占星術』東京堂出版
・ワンダ・セラー著／安珠訳『メディカル アストロロジー入門―身体と心の健康を占星術で読み解く』フレグランスジャーナル社
・リズ・グリーン著／岡本翔子、鏡リュウジ訳『占星学』青土社
・岡本翔子著『完全版　心理占星学入門』アスペクト
・「剣山（みろく庵）」資料

【心理學相關】

・古宮昇著「スピリチュアル心理学アカデミー　テキスト」
・古宮昇著『共感的傾聴術―精神分析的に〝聴く〟力を高める』誠信書房
・古宮昇著『臨床心理学から見たエネルギーヒーリング』幻冬舎
・東　豊著『新版 セラピストの技法―システムズアプローチをマスターする』日本評論社
・東　豊著『リフレーミングの秘訣―東ゼミで学ぶ家族面接のエッセンス』日本評論社
・東　豊著『超かんたん 自分でできる 人生の流れを変えるちょっと不思議なサイコセラピー』遠見書房
・マシュー・マッケイほか著／遊佐安一郎、荒井まゆみ訳『弁証法的行動療法実践トレーニングブック― 自分の感情とよりうまくつきあってゆくために』星和書店

・ジョン・F・ディマティーニ著／染川順平、中西敦子訳『成功のタイムリミット―あなたの人生は、なぜ60日で変わるのか？』フォレスト出版
・ジョン・F・ディマティーニ著／染川順平、中西敦子訳『ドクター・ディマティーニの逆境がチャンスに変わるゴールデンルール』WAVE出版
・チャック・スペザーノ著／大空夢湧子訳『傷つくならば、それは「愛」ではない』VOICE
・竹内成彦著『「すっごく心細い」がピタリとやむ！』すばる舎
・東山紘久著『プロカウンセラーの聞く技術』創元社
・安藤俊介著『タイプ別 怒れない私のためのきちんと怒る練習帳』CCCメディアハウス

【靈性相關】
・ニール・D・ウォルシュ著／吉田利子訳『新装版　神との対話　1〜3』サンマーク出版
・ニール・D・ウォルシュ著／吉田利子訳『神との対話　完結編』サンマーク出版
・エスター&ジェリー・ヒックス著／秋津一夫訳『「引き寄せの法則」のアメージング・パワー―エイブラハムのメッセージ』ナチュラルスピリット
・リチャード・ラビン著／チャンパック訳『ECTON2―ようこそ、地球へ』VOICE
・リチャード・ラビン著／チャンパック訳『ECTON―エクトンが描く意識の地図』VOICE
・飯田史彦著『「生きがい」の夜明け』（論文）
・飯田史彦著『［完全版］生きがいの創造―スピリチュアルな科学研究から読み解く人生のしくみ』PHP研究所
・リズ・ブルボー著／浅岡夢二訳『自分を愛して！―病気と不調があなたに伝える〈からだ〉からのメッセージ』ハート出版
・イナ・シガール著／ビズネア磯野敦子監修／采尾英理訳『体が伝える秘密の言葉』ナチュラルスピリット
・小山内洋子著『大転換期の後　皇の時代』しあわせ村
・天河りえ著『人類覚醒のタイムリミット―「昼の時代」への過渡期を生きぬく選択』ナチュラルスピリット
・足立育朗著『波動の法則―宇宙からのメッセージ』ナチュラルスピリット
・形態波動エネルギー研究所監修／今井博樹編著『波動の法則　実践体験報告―足立育朗が語る時空の仕組みと現実』ナチュラルスピリット

透過官網的【サンプル・ケース】，觀看本書內容的實際案例

在個案們的同意之下，井上小亞子將部分靈魂諮詢的實際內容刊登至官網。在官網的【事例集……サンプル・ケース】中，簡單收集了幾件案例。

未來也將持續新增案例。

除了透過此書，了解自身或心愛之人的靈魂藍圖外，也請務必參閱這些實際案例，看看這些抱持煩惱的個案如何獲得改變。

有興趣的讀者，請掃描以下QR-code。
【靈魂藍圖占星術】井上小亞子官網

https://soulplan.jp/

※請自行從首頁移動至「サンプル・ケース」的頁面。

作者簡介

井上小亞子（SAKO） 文・圖

靈魂諮詢師。運用靈魂計畫占星術與通靈技巧，協助與靈魂對話。從8歲首次繪製星盤開始，即透過大量閱讀國內外占星術專家的著作，自學占星術。特別是深受美國占星術師珍・斯皮勒（Jan Spiller）女士的著作，以及眾多來訪者靈魂智慧的巨大影響。

在取得心理諮詢師資格後，便以靈魂計畫占星術與靈性技巧為基礎，開展名為「靈魂諮詢」的服務。截至2024年，累積50年占星經歷、41年靈性探索歷程、17年臨床諮詢經驗。

在融合各種心理學方法的同時，靈活運用從理查・拉賓（Richard Lavin）先生學習的通靈技巧，以及各式各樣學習而來的靈性技巧，依據每位個案的特性量身打造，並持續陪伴至其能與自身靈魂對話為止。「靈魂諮詢」的回訪率高達約95%。自2017年起，積極參與各種領域活動，包括龍谷大學的客座講座、企業與個人對象的「依星座分類的業務研討會」、「依星座分類的整理術研討會」、PTA活動中的「依星座分類的教養研討會」、與靈魂支持者們共同推動的「靈魂養成研討會」等。

現為英國占星術協會會員，畢業於嵯峨美術短期大學（現嵯峨美術大學）編輯設計科。

一般社團法人全國心理靈魂養成協會代表理事。

株式會社SouL CoLoRs代表董事。

一般社團法人發酵菌活生活推進協會 執行統籌。

吹田市市民公益活動團體SouL CoLoRs理事長。

※「靈魂藍圖占星術（ソウルプラン占星術）」為作者本人已註冊商標。

【SouL CoLoRs】

透過靈魂諮詢（靈魂計畫占星術、心理學、通靈、能量療癒）、發酵與腸道環境的調整等方法，協助調和與整合身體、心靈與靈魂，引導人們活出靈魂計畫所描繪的「真正的自己」（完全預約制）。

沙龍「ACQUA」位於大阪府吹田市垂水町

申請請至【靈魂藍圖占星術】井上小亞子 官方網站：https://soulplan.jp/

靈魂藍圖占星術

揭開靈魂為你設計的今生今世

出　　版／楓樹林出版事業有限公司
地　　址／新北市板橋區信義路163巷3號10樓
郵政劃撥／19907596　楓書坊文化出版社
網　　址／www.maplebook.com.tw
電　　話／02-2957-6096
傳　　真／02-2957-6435
作　　者／井上小亞子
翻　　譯／曾玟閎
責任編輯／吳婕妤
內文排版／洪浩剛
港澳經銷／泛華發行代理有限公司
定　　價／420元
初版日期／2025年9月

國家圖書館出版品預行編目資料

靈魂藍圖占星術：揭開靈魂為你設計的今生今世 / 井上小亞子作；曾玟閎譯. -- 初版. -- 新北市：楓樹林出版事業有限公司, 2025.09
面；公分

ISBN 978-626-7729-40-3（平裝）

1. 占星術

292.22　　114010798